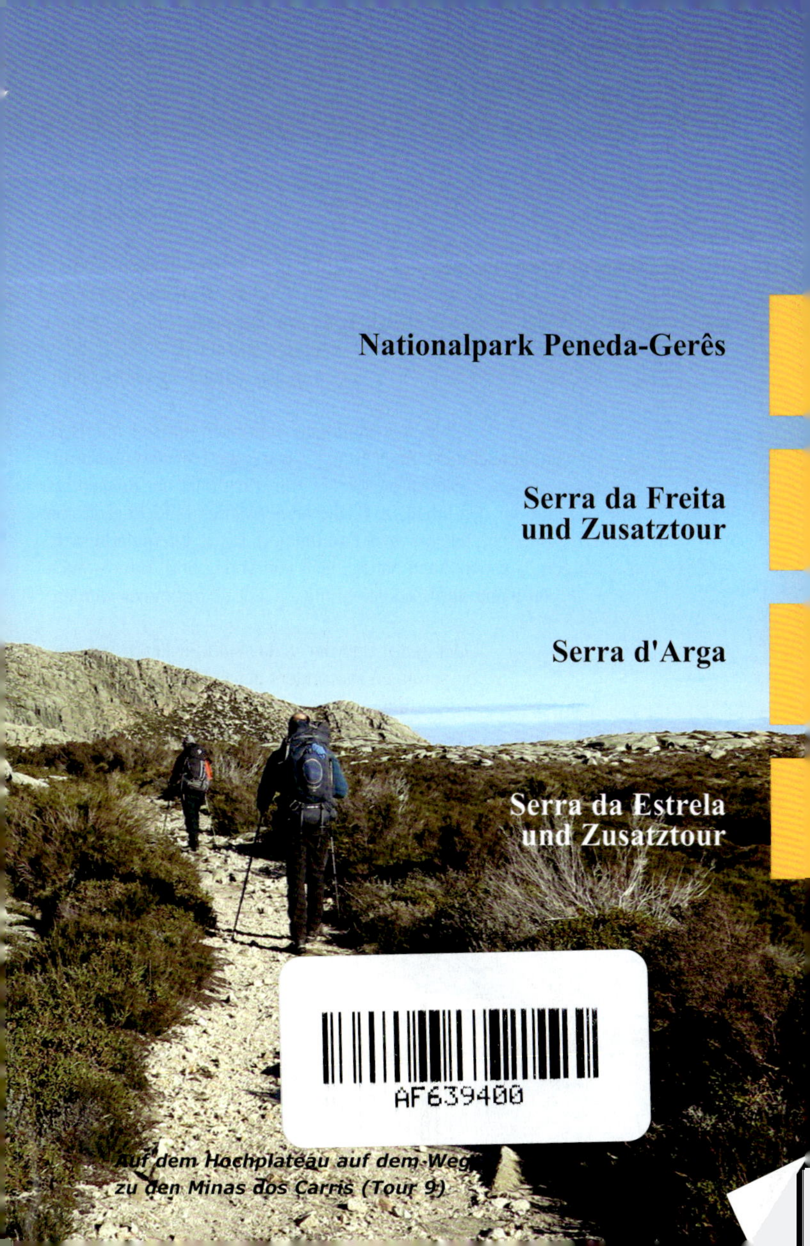

Nationalpark Peneda-Gerês

Serra da Freita
und Zusatztour

Serra d'Arga

Serra da Estrela
und Zusatztour

Auf dem Hochplateau auf dem Weg
zu den Minas dos Carris (Tour 9)

Portugals Norden

Der Autor und der Verlag sind für Lesertipps und Verbesserungen (besonders per E-Mail) unter Angabe der Auflagen- und Seitennummer dankbar.

Dieses OutdoorHandbuch hat 159 Seiten mit 62 farbigen Abbildungen, 26 farbigen Kartenskizzen im Maßstab 1:50.000/75.000 sowie 26 farbigen Höhenprofilen und einer farbigen, ausklappbaren Übersichtskarte. Es wurde auf chlorfrei gebleichtem, FSC®-zertifiziertem Papier gedruckt, in Deutschland klimaneutral hergestellt und transportiert und wegen der größeren Strapazierfähigkeit mit PUR-Kleber gebunden.

FSC
www.fsc.org
MIX
Papier aus verantwortungsvollen Quellen
FSC® C009051

Klimaneutral
Druckprodukt
ClimatePartner.com/10951-1901-1003

Dieses Buch ist im Buchhandel und in Outdoor-Läden erhältlich und kann im Internet oder direkt beim Verlag bestellt werden.

OutdoorHandbuch aus der Reihe „Regional", Band 410

ISBN 978-3-86686-540-2 1. Auflage 2019

Text: Sara Anna Danielsson
Fotos: Sara Anna Danielsson und Paulo de Sousa (www.wildathike.com)
Karten: Manuela Dastig
Lektorat & Layout: Anna-Lena Ebner

Gesamtherstellung: gutenberg beuys feindruckerei

Dieses OutdoorHandbuch wurde konzipiert und redaktionell erstellt vom:

Conrad Stein Verlag GmbH, Kiefernstr. 6, 59514 Welver,
☎ 023 84/96 39 12, FAX 023 84/96 39 13,
info@conrad-stein-verlag.de,
www.conrad-stein-verlag.de

Besuchen Sie uns bei Facebook & Instagram:

www.facebook.com/outdoorverlag

www.instagram.com/outdoorverlag

Titelfoto: Auf dem trigonometrischen Punkt mit Aussicht auf Porto (Tour 16)

Inhalt

Der Norden Portugals

Einen Text über den Norden Portugals zu schreiben, der diese Region in ihrer Gänze beschreibt, ist für mich als Autorin keine einfache Aufgabe. Ich habe mehrere Jahre hier gelebt und die Perspektive eines Außenstehenden teilweise verloren. Selbstverständlich kann ein so weiträumiges Gebiet auch nicht als homogen angesehen werden. Von der Grenze zu Galicien nahe dem Atlantik, bis hin zu den moosbewachsenen Bergdörfern im Landesinneren sind es unzählige kleine Regionen mit ihren Eigenarten und lokalen Traditionen.

Woran ich mich von meinen ersten Besuchen erinnere, sind die strahlenden Farben: der leuchtend blaue Himmel, der unglaublich grüne, saftige Wald, die zahllosen Blumen und blühenden Sträucher. Dann sind es die Gerüche: der Geruch vom warmen Waldboden nach dem Regen, vom Rauch aus den Kaminen und von den Grills der Restaurants, wenn man ein kleines Dorf durchquert, die salzige Brise des Ozeans. Ich erinnere mich daran, überall mit enormer Gastfreundschaft in Empfang genommen worden zu sein, dass es immer Zeit für einen Kaffee gab und dass jede Bekanntschaft sich darum bemühte, dass ich ihr Land von der schönsten Seite sehen und alle Spezialitäten der portugiesischen Küche probieren würde.

Es sind diese Eindrücke und Erfahrungen, die ich gerne weitergeben möchte, und ich wünsche mir, dass Sie die Schönheit des Nordens Portugals entdecken.

Dieser Wanderführer beschreibt Wege in mehreren unterschiedlichen Bergregionen des Nordens. Zunächst natürlich den einzigen Nationalpark des Landes, Peneda-Gerês (*Jeresch* ausgesprochen), der an der nördlichen Grenze Portugals zu Spanien liegt. Das Gebiet des Nationalparks deckt sich mit dem gleichnamigen Gebirge und wird üblicherweise nur Gerês genannt. Die Serra da Freita, die südöstlich von Porto liegt und zum Distrikt Aveiro gehört, ist aufgrund ihrer beliebten Wanderwege und ihrer guten Erreichbarkeit ebenfalls vertreten. Weiter im Norden und nahe am Meer werden die prächtige und traditionsverbundene Serra D'Arga und ihre Wanderwege vorgestellt. Weiter südlich, auf der Höhe Coimbras, liegt die Serra da Estrela, die den höchsten Berg des portugiesischen Festlandes beherbergt.

Auf Ihrer Reise in den Norden Portugals erwarten Sie vor allem touristisch noch recht unerschlossene Wanderwege. Die Landschaft in den Tälern ist grün und dicht bewachsen und die Aussicht von den Gipfeln reicht meilenweit über die felsige und karge Landschaft oberhalb der Baumgrenze.

Was Sie von dem Besuch in diesen Bergregionen erwarten können, ist das Wandern in einer ursprünglichen und ländlichen Umgebung. Im Vergleich zu den modernen und hektischen Städten wie Porto und Lissabon werden Sie in den meisten Bergdörfern ein ganz anderes, traditionelles Portugal entdecken können. Ohne Armut romantisieren zu wollen, sind die Dörfer, wo die Kleidung noch per Hand an einem steinernen Waschplatz gewaschen wird und die Schäfer ihre Ziegen auf die Bergweiden treiben, einen Besuch wert. Hier können Sie jahrhundertealte Wolfsfallen bestaunen und in den Restaurants Mahlzeiten genießen, deren Zutaten direkt hinter dem Haus angebaut wurden.

Der Kontrast zwischen den Großstädten und dem Land ist in der Tat enorm. Portugal ist dabei, den Anschluss an andere europäische Länder zu gewinnen und hat in den letzten Jahrzehnten viel von dem Rückstand aufgeholt, der nach dem Ende der Diktatur im Jahr 1974 zurückgeblieben war. In Portugal sind große Einkaufszentren sehr beliebt und stets überfüllt und ein modernes Auto und die neuesten technischen Geräte sind Statussymbole, genau wie in Deutschland. Auf der anderen Seite ist das Land immer noch relativ arm, die Ökonomie ist schwach und viele gut ausgebildete junge Menschen entscheiden sich dazu, auszuwandern.

Die Landflucht und die Emigration haben dazu geführt, dass viele kleinere Orte langsam aussterben. Nur die Generation der Großeltern bleibt zurück, während ihre Kinder in die urbanen Zentren ziehen und die Enkel lieber eine Anstellung in der Schweiz oder in Frankreich suchen. Auf der anderen Seite lieben die meisten Portugiesen ihr Land und blicken voller Patriotismus auf ihre Geschichte, Kultur, Traditionen und Folklore.

Und es gibt auch positive Entwicklungen. Der Tourismus hat sich in den letzten Jahren enorm entwickelt und damit sind nicht die Hotelburgen an der Algarve gemeint. Es gibt mehr und mehr Flüge nach Porto und die Einheimischen haben das Interesse an der lokalen Kultur und Natur erkannt.

Wo noch vor einiger Zeit die Ruine eines verlassenen Hauses stand, ist heute ein lebendiges Gasthaus. Wo der Strand vor einem Jahrzehnt von der Industrie verschmutzt war, lernen Ausländer so wie Einheimische jetzt das Surfen. Diese Entwicklung gilt auch für die Bergregionen: Bei jedem Besuch gibt es neue Unterkünfte und organisierte Unternehmungen zu entdecken.

In diesem Buch habe ich einige der schönsten und spannendsten Wanderwege der Region zusammengestellt. Ich wünsche Ihnen viel Freude beim Wandern und Entdecken!

Ihre Sara Danielsson

Reise-Infos

Anreise

Portugal liegt in der südwestlichsten Ecke Europas, das einzige angrenzende Land ist Spanien und auf der westlichen Seite beginnt der Atlantik. Von Deutschland, Österreich und der Schweiz aus eignet sich am besten natürlich die Anreise mit dem Flugzeug. Natürlich ist es auch möglich, mit dem eigenen Auto oder Wohnmobil nach Portugal zu fahren. Dies lohnt sich aber nur, wenn Sie einen längeren Zeitraum zur Verfügung haben.

Nach Porto kommen Sie unter anderem direkt mit der Lufthansa von Frankfurt und München aus. Mit Ryanair von Hamburg, Bremen, Dortmund, Berlin, Frankfurt (Hahn), Baden-Baden, Memmingen und Nürnberg. Mit Easyjet von Basel und Genf. Mit Transavia von München und mit Swiss von Genf.

- www.lufthansa.de
- www.ryanair.de
- www.easyjet.de
- www.transavia.com
- www.swiss.com

Verkehrsmittel

Wenn Sie erst einmal in Porto sind, gibt es mehrere Möglichkeiten, um in die Berge zu kommen. In diesem Wanderführer werden verschiedene Bergregionen vorgestellt, die zwar alle mit dem öffentlichen Nahverkehr zu erreichen sind, bei Weitem nicht jeder Wanderweg liegt jedoch nahe einer Bushaltestelle. Am Flughafen von Porto ein Auto zu mieten, macht Ihre Reisegestaltung flexibler und bringt Sie in allen Fällen schneller ans Ziel.

In diesem Abschnitt werden die verschiedenen Möglichkeiten, sich in Portugal mithilfe des Fernverkehrs und öffentlichen Nahverkehrs fortzubewegen, generell vorgestellt. Eine genauere Beschreibung finden Sie, falls öffentliche Verkehrsmittel vorhanden sind, bei der jeweiligen Tour. Jeder der 25 Startpunkte ist mit dem Auto zu erreichen und es gibt die Möglichkeit, den Wagen dort abzustellen. Ich möchte hier also ganz deutlich den **Mietwagen** eher als Bus oder Bahn empfehlen. Am Flughafen gibt es zahlreiche Mietwagenfirmen mit teilweise erstaunlich günstigen Preisen. Insbesondere außerhalb der Hochsaison im Juli und August sind die meisten kleineren Mietwagen wirklich erschwinglich. Wählen Sie jedoch eine renommierte Mietwagenfirma – dort sind die Preise auf den ersten Blick höher, erweisen sich am Ende jedoch als günstiger.

Wenn Sie keinen Mietwagen mieten wollen, so ist für die meisten Gegenden der **Bus** die beste Alternative. Es sei jedoch mit aller Ehrlichkeit gesagt, dass die Bergregionen sich am besten mit einem Auto erreichen lassen. Je weiter Sie sich von den Städten entfernen, desto dünner wird das Angebot an öffentlichen Verkehrsmitteln. Aufgrund dessen sind bei Weitem nicht alle Wanderungen in diesem Buch ohne Auto erreichbar. Muss es ohne Auto funktionieren, kann eine Kombination von Bus, Zug und Taxi die beste Lösung sein. Eine Alternative sind natürlich geführte Wanderungen, wo die Anfahrt oft im Paket beinhaltet ist.

Das Unternehmen **Rede Expressos** (www.rede-expressos.pt) hat mit rund 300 Orten das am besten ausgebaute Streckennetz von Fernbussen in Portugal.

Weitere Strecken und Verbindungen finden Sie auch bei www.citiexpress.eu und www.transdev.pt/aeroportoporto.

Das **Taxi** zu nehmen, ist in Portugal immer noch recht billig und eine attraktive Möglichkeit, um zum Startpunkt Ihrer Wanderung oder wieder zurück zu Ihrer Unterkunft zu kommen. Rechnen Sie damit, dass eine Fahrt von einer halben Stunde ungefähr € 20 kostet. Stellen Sie sicher, dass das Taxameter läuft, und sprechen Sie, wenn möglich, vor der Fahrt über den ungefähren Endpreis. Die meisten Taxifahrer sind ehrlich, aber es gibt immer mal wieder schwarze Schafe. Auch der Fahrservice Uber ist sehr beliebt, verkehrt bislang jedoch nur in Lissabon, Porto und an der Algarve (www.uber.com).

Portugal verfügt über ein recht gut ausgebautes Schienennetz. Die **Bahn** zu nehmen (www.cp.pt), lässt sich besonders zwischen den größeren Städten empfehlen und ist häufig eine schnelle, umweltfreundlichere Alternative zum Auto. Um in kleinere Orte und in die Berge zu fahren, kann sich oft eine Kombination aus Bahn und Bus empfehlen. Eine besonders empfehlenswerte Bahnfahrt ist die Strecke zwischen Viana do Castelo und Valença. Hier führen die Gleise direkt am Meer entlang und folgen dann dem Fluss Minho entlang der spanischen Grenze.

Unterkünfte

Alle Bergregionen, zu denen Sie in diesem Wanderführer Touren finden, sind touristisch erschlossen und bieten eine Vielzahl von Übernachtungsmöglichkeiten an. Diese reichen von **Campingplätzen** über **Gasthäuser** und **Jugendherbergen** zu **Hotels** von internationalem Standard. Das Wildcampen ist in Portugal nicht gestattet, Eigentümer werden es Ihnen jedoch oft erlauben, auf ihrem Grund und Boden zu zelten. Informationen über Unterkünfte und Aktivitäten für ganz Portugal finden Sie auf www.visitportugal.com.

Die Touristeninfo für Nordportugal finden Sie unter www.portoenorte.pt. Porto e Norte ist auch mit einem Informationspavillon im Flughafen Porto zu finden.

Auch in den kleineren Dörfern lassen sich meist Übernachtungsmöglichkeiten finden. Für die Suche sind die Plattformen www.booking.com und **Airbnb** zu empfehlen. Airbnb ist allerdings umstritten, da die private Vermietung von Wohnungen an Urlauber sich negativ auf den Wohnungsmarkt auswirkt. Dies gilt jedoch vor allem in den Innenstädten von Lissabon und Porto und weniger in den ländlichen Regionen, die ohnehin von der Landflucht betroffen sind. Der große Vorteil von Airbnb ist für den Gast natürlich, dass man in vielen Fällen einen besseren Einblick in das Leben der Lokalbevölkerung bekommt. Diese Art der Unterkunft steht ganz im Gegensatz zu den anonymen Hotels in den größeren Städten.

Wenn Ihnen der Sinn eher nach **Zelten** steht oder Sie mit dem **Wohnmobil** unterwegs sind, dann ist die Homepage www.roteiro-campista.pt zu empfehlen, wo Sie einen Überblick über alle Campingplätze des Landes bekommen können. Zahlreiche Campingplätze vermieten auch Hütten verschiedenen Standards.

Wanderinfrastruktur

In den Bergen Nordportugals finden Sie ein weites Netz an Wanderwegen. Die markierten Wege sind in Tagestouren bis 30 km (**Pequena Rota**, kurz PR) und Mehrtagestouren ab 30 km (**Grande Rota**, kurz GR) unterteilt. Die PR-Routen sind mit jeweils einem gelben und roten Streifen markiert, die GR-Wege rot und weiß. Ein Kreuz bedeutet, dass man sich hier gerade auf den falschen Weg begibt, und Pfeile weisen darauf hin, dass der Weg nun abbiegt. Nicht alle Wanderwege sind gleich gut markiert und instand gehalten. Mithilfe der Beschreibungen in diesem Buch und der zur Verfügung gestellten GPS-Tracks ist es jedoch einfach, sich zurechtzufinden.

Zahlreiche sehr beliebte Wanderwege Portugals sind gar nicht markiert und existieren nur inoffiziell. Auch von diesen werden in diesem Wanderführer einige vorgestellt. Diese Pfade sind generell gut sichtbar und werden von Wanderern und Schäfern mit kleinen Steinmännchen markiert. Wenn Sie einem solchen Wanderweg folgen, ist es jedoch auch wichtig, eine Karte oder das GPS-Gerät zu benutzen, denn es gibt zahlreiche kleine Trampelpfade, die oft von Weidetieren oder wilden Tieren benutzt werden.

Klima und Reisezeit

Der Winter in Portugal beginnt im November und dauert bis Februar oder März. Herbst und Frühling sind normalerweise mild und es regnet weniger als im Winter. Die wärmsten Monate sind Juli und August, in dieser Zeit kommt es auch zu den meisten Waldbränden.

Im Vergleich zur Algarve oder der Gegend um Lissabon ist es im Norden des Landes oft etwas kälter und windiger. In den höheren Gebirgslagen (über 1.000 m) kann es schneien. In der Serra da Estrela, auf 2.000 m Höhe, kann die Temperatur auch im Oktober oder April unter den Gefrierpunkt fallen.

Es ist also durchaus möglich, das ganze Jahr über hier zu wandern, doch die Bedingungen ändern sich natürlich mit den Jahreszeiten: November und Januar sind keine Monate, um in den Lagunen zu baden oder die höchsten Punkte des Festlands im T-Shirt zu entdecken.

Kartenempfehlung

Es gibt für Portugal bisher leider noch fast keine Wanderkarten zu kaufen. Die einzigen das ganze Land abdeckenden Papierkarten in geeigneter Skala (1:25.000) werden vom Militär angeboten. Für rund € 6 können Sie hier eines der 632 Kartenblätter kaufen.

💻 www.igeoe.pt > Cartografia > Portugal

Außerdem können Sie diese Karten des Militärs für € 14,90 pro Blatt bei dem Anbieter 💻 www.mapfox.com bestellen.

Auch wenn sich dies in anderen Ländern und Wandergebieten natürlich nicht empfiehlt, würde ich für die Wanderungen in diesem Buch nur im Ausnahmefall eine der Karten erwerben. Die Kartenblätter sind einfach zu klein und zum Teil auch nicht auf dem neuesten Stand.

Eine zweite Möglichkeit sind die Karten von **Adventure Maps**, die im Frühjahr 2017 auf den Markt kamen. Es gibt eine Karte im Maßstab 1:50.000 vom Nationalpark Peneda-Gerês und auch von der Serra da Estrela. Diese Karten basieren auf den Informationen der Militärkarten und zeigen zudem markierte Wanderwege an. Sie sind zweiseitig bedruckt und wetterfest.

♦ 💻 www.adventuremaps.pt oder www.mapfox.com (für € 19,90 pro Karte)

Auch wenn das Angebot noch gering ist, sind diese Wanderkarten auf jeden Fall ein Schritt in die richtige Richtung. Es wird endlich erkannt, dass das Wandern bei Touristen sowie bei Einheimischen beliebt ist und dass der Nationalpark und andere Naturgebiete für Freizeitaktivitäten genutzt werden. In der Zukunft wird das Angebot an Wanderkarten in Portugal sicher weiter ausgedehnt werden, ebenso wie der Ausbau und die bessere Instandsetzung des Netzwerkes von Wanderwegen absehbar sind. Der Tourismus in Portugal entwickelt sich, ebenso wie die Freizeitinteressen der Einheimischen.

Die meisten Wanderer in Portugal verwenden entweder ein GPS-Gerät, ein Smartphone mit Offline-Karten oder drucken sich Kartenblätter von **Open Street Map** oder **Open Cycle Map** aus. Sowohl Open Street Map als auch Open Cycle Map bieten eine gute Übersicht über die Wandergebiete und zeigen die meisten Straßen, Wanderwege, Pfade und Forstwege an. Während Sie bei diesen Karten natürlich keine Garantie auf Vollständigkeit haben, so bekommen Sie doch einen sehr guten Überblick über die Landschaft und die Infrastruktur. Es gibt zahlreiche Apps, mit denen man sich diese kostenlosen Karten zunutze machen kann. Sind Sie dann doch einmal unsicher über Ihren Standpunkt auf dem Wanderweg, so kann ein kurzer Blick auf das GPS-Gerät oder Smartphone Klarheit schaffen.

☺ Die Kartenempfehlungen wurden von der Geobuchhandlung Kiel überprüft. 💻 www.geobuchhandlung.de

GPS

Die GPS-Tracks zu allen Wanderungen in diesem Buch können Sie auf meiner Homepage (💻 www.sara-danielsson.com) oder auf der Homepage des Verlags (💻 www.conrad-stein-verlag.de) herunterladen. Die Wanderungen werden mit der Hilfe eines GPS-Geräts oder des Mobiltelefons mit Offline-Karten einfach unkomplizierter.

📖 GPS Grundlagen · Tourenplanung · Navigation von Michael Hennemann, Basiswissen für draußen, Conrad Stein Verlag, ISBN 978-3-86686-495-5, € 9,90

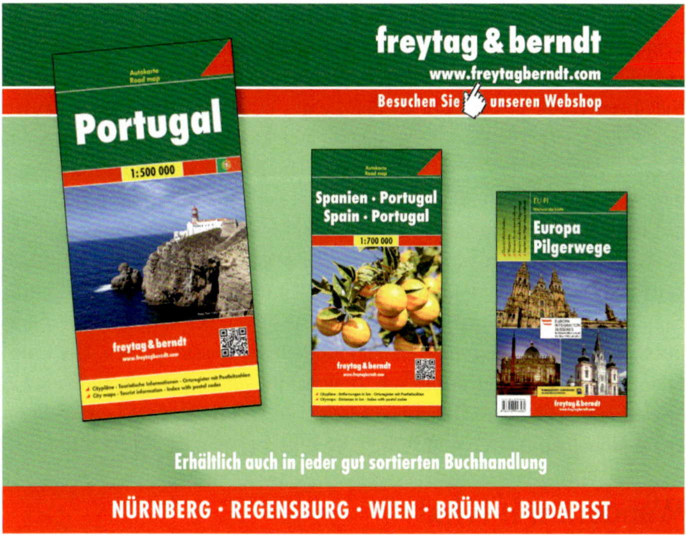

Anzeige

Updates

Der Conrad Stein Verlag veröffentlicht Updates zu diesem Wanderführer, die direkt vom Autor oder von den Lesern des Buches stammen. Sie finden diese auf der Verlagshomepage 💻 www.conrad-stein-verlag.de. Der abgebildete QR-Code führt Sie direkt dorthin.

Wandern mit Hund

Für die Mitnahme Ihres Hundes nach Portugal gelten folgende Regeln:

- ▷ die Mitnahme des EU-Heimtierausweises, der auch alle notwendigen Impfungen (vor allem gegen Tollwut) belegt
- ▷ Ihr Hund muss zudem mit einem Mikrochip gekennzeichnet sein.
- ▷ Nicht alle Fluggesellschaften transportieren Hunde. Informieren Sie sich zuvor über geeignete und zugelassene Transportboxen.

Einmal in Portugal angekommen sind die Regeln relativ locker. Es gibt keinen generellen Leinenzwang, auch nicht in den Bergen. Zeigen Sie jedoch Respekt vor anderen Wanderern, Vieh und wilden Tieren und führen Sie Ihren Hund bei Bedarf an der Leine. In allen Bergregionen laufen Kühe, Ziegen und Schafe frei in den kleinen Dörfern und auch entlang der Wanderwege herum. Es gibt streunende Hunde und Hütehunde, die ohne den Schäfer auf die Herde aufpassen. Diese verhalten sich zum Teil aggressiv, wenn sich ein unbekannter Hund ihrer Herde nähert.

Was das Wandern mit Hund auf den Wanderwegen in diesem Buch betrifft, so kann gesagt werden, dass der Untergrund generell sandig, trocken und oft auch steinig ist. Verläuft ein Abschnitt des Weges auf der Straße, so kann der Asphalt im Sommer natürlich sehr warm werden. Die Empfehlungen, ob eine Tour für Hunde geeignet ist, sind an Anhaltspunkten wie Wasserstellen und dem Gelände orientiert. Sie als Besitzer/in kennen Ihren Hund jedoch am besten und sollten die Entscheidung darauf basieren.

Wandern mit Kind

Das Wandern in Nordportugal ist ein aufregendes und schönes Erlebnis für die ganze Familie, wenn die Touren kindgerecht ausgewählt werden. Kinder sehen die Welt mit anderen Augen und was sie interessiert oder langweilt, ist natürlich höchst individuell und auch vom Alter abhängig. Damit den Kindern die Wanderung gefällt, sollte sie kurzweilig sein und verschiedene Höhepunkte bieten.

Portugal ist generell ein sehr kinderfreundliches Land. Die Wanderwege sind jedoch nicht für Kinderwagen angepasst und es gibt generell wenige menschengemachte Annehmlichkeiten. Die Touren sind urig und in „wilder“ Natur, deshalb finden Sie hier selten Spielplätze, Rastplätze oder absichernde Geländer. Dies bedeutet aber keineswegs, dass diese Region nicht für Kinder geeignet ist, sondern, dass die Vorbereitung und Aufmerksamkeit der Eltern gefordert ist. Was die Sicherheit kleinerer Kinder betrifft, ist es natürlich am wichtigsten, diese unter Aufsicht zu halten. Das Gelände ist nicht besonders steil oder absturzgefährlich, doch Gruben, Höhlen oder steilere Partien sind generell nicht abgesperrt.

Die Verpflegung während der Touren und die Unterhaltung ist unkompliziert und sollte den meisten Kindern gefallen. Die Restaurants bieten einfaches, herzhaftes Essen an: Pommes, Eis und Cola bekommt man überall. Viele Touren bieten Bademöglichkeiten – hier braucht es nur ein Badelaken und extra Sonnencreme. Auch wenn es oft keine Rastplätze gibt, so ist mit etwas Fantasie immer ein schöner Platz im Wald oder mit einem Panorama zu finden, wo Sie sich setzen können.

Generelle Tipps

Portugal ist in vielerlei Hinsicht einzigartig und viele Dinge laufen einfach anders als in Mitteleuropa. Hier sind einige kleine Tipps, die bei einer Reise nach Portugal hoffentlich hilfreich sein könnten.

▷ Außerhalb der großen Städte ist das **Parken** kaum geregelt. Alle Startpunkte der Wanderwege in diesem Buch bieten eine Parkmöglichkeit. Es gibt dort zumeist weder angewiesene Parkplätze, noch müssen Sie bezahlen oder eine Parkscheibe haben. Sie stellen das Auto dort ab, wo es genügend Platz gibt, und sollten darauf achten, dass andere Fahrzeuge ungehindert vorbeikommen können.

▷ Die **Natur** in Portugal ist oft wild, dies kann jedoch auf keinen Fall mit „unberührt" gleichgesetzt werden. Egal ob die Landschaft gebirgig oder flach ist, fast überall gibt es Landwirtschaft, Forstwirtschaft und Gebäude. Zahlreiche Konstruktionen (wie Gruben niedergelegten Bergbaus) liegen verlassen und verfallen langsam, ohne, dass sich jemand darum kümmert. Wege können überwuchern, Schilder verrosten und der Natur wird ihren Lauf gelassen, egal ob nach Stürmen, Überschwemmungen oder Waldbränden. Für viele Fragen ist scheinbar niemand so richtig zuständig oder es fehlt an finanziellen Mitteln. Gerade deswegen ist immer die eigene Vernunft gefragt.

▷ Wenn Sie ein Auto mieten oder mit dem eigenen Wagen anreisen, **navigieren** Sie vielleicht mit Google Maps oder einem ähnlichen Programm. Nicht alles, was als Straße angegeben wird, ist jedoch auch befahrbar. Gerade Google Maps sieht viele Wanderwege oder uralte Römerstraßen mit Kopfsteinpflaster als gute Abkürzungen an. Oft ist der kürzeste Weg nicht der schnellste. Wenn die Straße immer schlechter wird und eigentlich nur noch für einen Jeep befahrbar scheint, ist es oft an der Zeit, umzudrehen – es sei denn, Sie haben ein Geländefahrzeug.

▷ **Das ländliche Portugal** ist für europäische Verhältnisse arm. In den kleinen Bergdörfern leben vor allem ältere Menschen, die immer noch davon leben, ein paar Ziegen oder Schafe zu besitzen und kleine Felder zu bewirtschaften. Die Leute sind sehr freundlich, aber oft auch ein bisschen verwundert über die ausländischen Besucher. Respektieren Sie, dass diese Umgebung auch ein Arbeitsplatz ist, und halten Sie angemessenen Abstand zum Vieh, den Wachhunden und den Plantagen.

▷ Jeden Sommer gibt es **Waldbrände**, oft über 10.000 pro Jahr. Das ist kein Grund, beunruhigt zu sein, jedoch ist es sehr wahrscheinlich, dass Sie früher oder später durch ein Gebiet fahren oder wandern, das von einem Brand betroffen war (☞ mehr Infos dazu bei Tour 11). Die meisten Brände werden absichtlich oder unabsichtlich von Menschen ausgelöst. Werfen Sie also niemals eine Zigarette aus dem Auto, machen Sie keine Lagerfeuer und grillen Sie bei Trockenheit nicht nahe an einem Wald.

▷ Obwohl die Portugiesen sonst als recht ruhige Menschen gelten, geht es im **Straßenverkehr** teilweise etwas rauer zu. Oft scheint das Recht des Stärkeren zu gelten und Blinker und Stoppschilder werden nicht immer so ernst genommen. Fahren Sie defensiv und behalten Sie einen kühlen Kopf. Verglichen mit anderen Ländern Südeuropas ist der Verkehr in Portugal deutlich ruhiger als z. B. in Italien, aber turbulenter als in Spanien.

▷ Haben Sie sich bei der Auswahl der Wanderschuhe verschätzt oder Ihren Tagesrucksack vergessen? Noch gibt es in Portugal nicht sonderlich viele Geschäfte, die sich auf **Outdoor-Ausrüstung** spezialisiert haben. Das breiteste Sortiment finden Sie bei Decathlon oder Sport Zone. Diese Ketten finden sich in fast jedem Shoppingcenter. Zudem gibt es in Porto und Braga einige kleinere Läden, die besonders auf Ausrüstung zum Klettern und Bergsteigen spezialisiert sind.

Nationalpark Peneda-Gerês

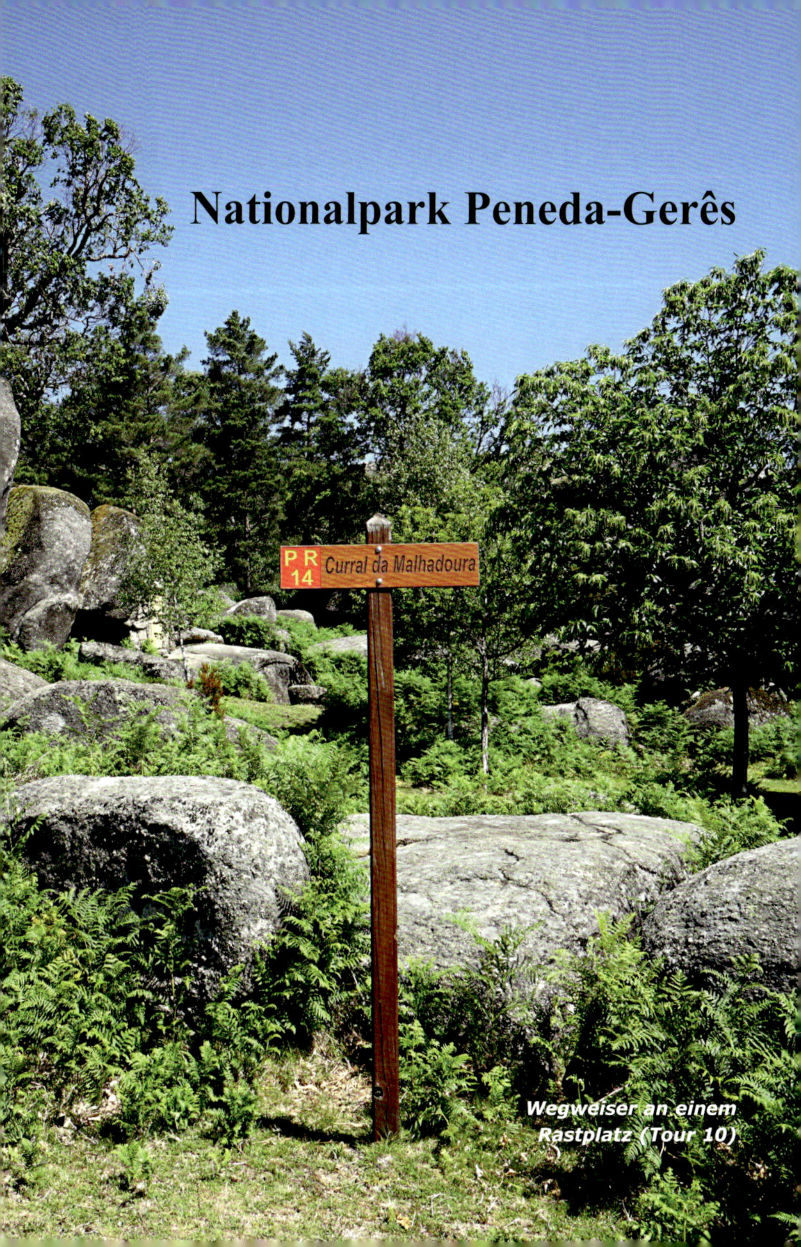

Wegweiser an einem Rastplatz (Tour 10)

1 Vom Aussichtspunkt Pedra Bela in das Teixeira-Tal

Eine Wanderung für Naturbegeisterte

Diese Rundwanderung führt Sie vom Aussichtspunkt Pedra Bela (zu Deutsch: der schöne Stein) auf die Bergweiden des Gerês. Sie passieren alte, steinerne Hirtenhütten, die aber auch in der Gegenwart noch genutzt werden. Der Weg durch die wilde und felsige Landschaft ist nicht offiziell markiert, jedoch sehr beliebt und es ist dementsprechend einfach, ihm zu folgen. Entlang des Flusses Camalhão gibt es verschiedene Möglichkeiten zum Baden, Picknicken oder um einfach mit den Füßen im frischen Wasser zu entspannen. Auch der Wasserfall Cascata do Arado lädt zum Verweilen und Baden ein.

Start/Ziel: der Aussichtspunkt Pedra Bela oberhalb des Ortes Vila do Gerês, GPS N 41°42.934' W 008°09.179'

11,3 km

5 Std.

750 m/750 m

667-1.055 m

Der Weg ist mit aufgestapelten Steinmännchen markiert. Es empfiehlt sich, dem GPS-Track zu folgen, da es abschnittsweise etliche kleinere Trampelpfade gibt.

Schmale, steinige Pfade und Asphalt. Die Wanderung erfordert ein wenig Kondition und Trittsicherheit, jedoch keine Schwindelfreiheit. Die gesamte Strecke ist der Sonne ausgesetzt, denken Sie im Sommerhalbjahr also an Sonnenschutz und genügend Wasser.

Keine Einkehrmöglichkeiten direkt am Weg. Die nächsten Restaurants und Einkaufsmöglichkeiten finden Sie im Ort Vila do Gerês.

Einen Rastplatz finden Sie am Aussichtspunkt Pedra Bela (km 0 und km 11,3) und auch auf den Bergweiden lässt sich unter den großen Eichen gut eine Pause einlegen (km 3 und km 5,5).

Bademöglichkeiten am Fluss Camalhão (km 5,5) und am Wasserfall Cascata do Arado (km 7,8). In Vila do Gerês gibt es Thermalquellen, die in einem Spa genutzt werden. Zum Komplex gehört außerdem ein Kurhotel (www.aguasdogeres.com).

Geeignet für Kinder, die mit Freude im Gelände unterwegs sind und eine mehrstündige Entdeckungstour mit einigem Bergauf und -ab spannend finden. Es gibt mehrere Bademöglichkeiten.

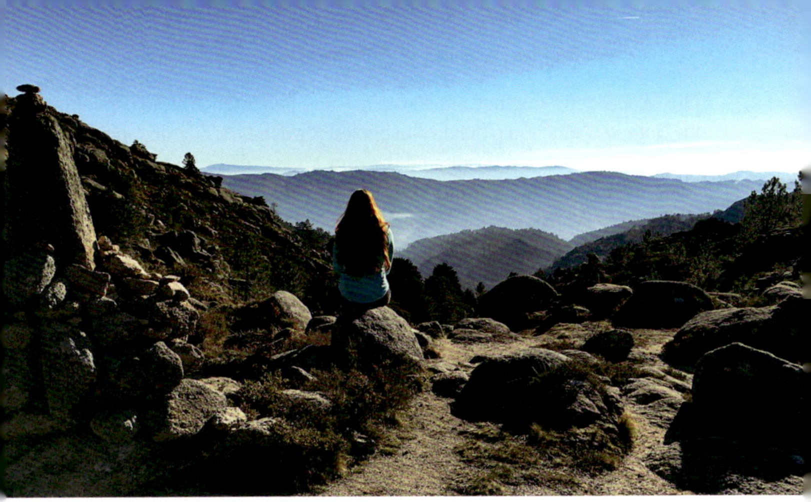

Aussicht über das Tal © Paulo de Sousa

Diese Tour ist recht gut für Hunde geeignet, jedoch häufig steinig. Ab dem Tal Vale do Teixeira gibt es ausreichend Wasserstellen.

Wenn Sie mit dem **öffentlichen Nahverkehr** vom Flughafen/Porto in den Nationalpark Peneda-Gerês möchten, so müssen Sie in jedem Fall zunächst den Bus in die Stadt **Braga** nehmen. Diese Verbindung dauert 50 Min. mit Getbus und wird zehnmal täglich gefahren. Eine Fahrkarte kostet € 8 für Erwachsene und € 4 für Kinder zwischen 4 und 13 Jahren. Sie können die Fahrkarte schon im Internet kaufen und sich damit einen Platz reservieren oder aber vor Ort direkt beim Busfahrer ein Ticket kaufen, www.getbus.eu.

Vila do Gerês ist eines der touristischen Zentren des Nationalparks und wird mit Bussen des eigenen Hotelgewerbes angefahren; Infos auf www.hoteisgeres.com/eng/transports.html).

Von Braga aus gibt es Montag bis Freitag täglich sieben Verbindungen, an Samstagen vier und an Sonn- und Feiertagen drei. Von Vila do Gerês können Sie dann mit dem Taxi (Taxistand an der Touristeninformation direkt an der Hauptstraße) zum Ausgangspunkt der Wanderung fahren.

P Am Aussichtspunkt ist es möglich, das Auto abzustellen. Die schmale Straße von Vila do Gerês zum Pedra Bela ist in recht steilen Serpentinen angelegt. Hier verkehren im Sommer sogar Reisebusse, was für den entgegenkommenden Verkehr ein Problem darstellen kann.

☺ Geführte Wanderungen können Sie unter www.nationalparktours.pt buchen.

Die Wanderung beginnt am Parkplatz des beliebten Aussichtspunktes Pedra Bela, der einen herrlichen Ausblick über den Ort Vila do Gerês, den Stausee Albufeira da Caniçada und die drei Flüsse, die ihn speisen, bietet. Der See liegt tief unter Ihnen, genau wie das Dorf Vila do Gerês und die bewaldeten Ausläufer des Peneda-Gerês-Gebirges.

Am Aussichtspunkt gibt es im Schatten liegende Picknicktische.

Sie beginnen die Wanderung damit, einige Hundert Meter an der Straße entlangzugehen, auf der Sie mit dem Auto gekommen sind. Zu Ihrer Linken liegt das verlassene Gebäude der Parkwächter Casa Florestal da Pedra Bela. Es gibt fast 50 dieser leer stehenden Häuser im Nationalpark, die zur Enttäuschung vieler Anwohner und Besucher nicht genutzt werden.

An der Straßenkreuzung gehen Sie geradeaus weiter und setzen die Wanderung nun auf einer Schotterpiste fort. Bald teilt der Weg sich und Sie halten sich rechts, beide Pfade führen nach rund 700 m jedoch wieder zusammen.

Rund 3 km nach dem Beginn Ihrer Wanderung kommen Sie zur Bergweide Curral da Carvalha das Éguas, frei übersetzt: der Stall der Eiche der Stuten ❶. Der beeindruckende Eichenbaum, der dem Platz seinen Namen gibt, steht direkt vor der Schäferhütte. Auch wenn der Name es vermuten lässt, so können Sie hier keine Pferde, sondern (je nach Jahreszeit) Ziegen antreffen.

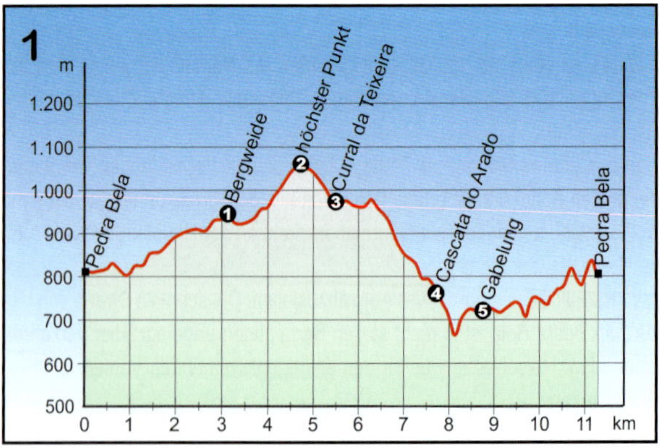

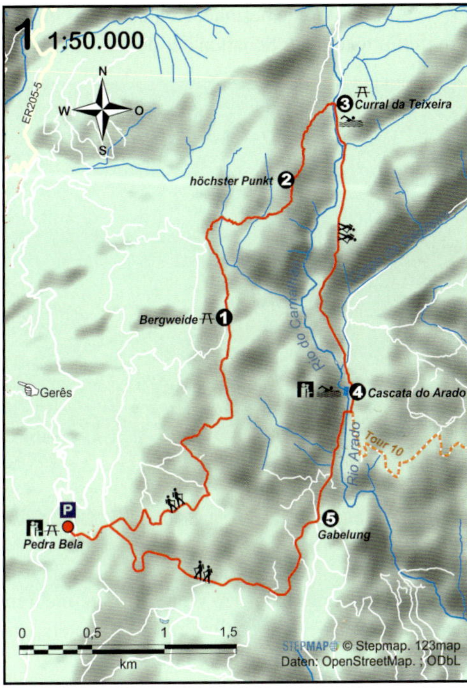

Im Schatten des großen Baumes lässt sich auch gut eine erste Rast einlegen.

Von der Weide aus geht es weiter geradeaus und der Pfad steigt weiterhin an. Nach 500 m kommen Sie an eine Weggabelung, an der Sie sich rechts halten. Je höher Sie kommen, desto spärlicher wird die Vegetation und die Ausblicke über die umliegenden Gipfel werden stetig atemberaubender. Hier kommt das Gefühl auf, sich wirklich im Herzen des Peneda-Gerês-Gebirges zu befinden.

Nach insgesamt 4,7 km Wanderung ist der höchste Punkt der Tour erreicht ❷. Von hier oben können Sie bereits die Weide Prado do Teixeira sehen, die direkt an dem türkisblauen Fluss Rio do Camalhão liegt. Hier weiden im Sommer die hellbraunen Kühe, die so typisch für diese Region sind. Sie werden als *vaca barrosã* bezeichnet und kennzeichnen sich neben ihrer Farbe durch die enormen und herrlich geschwungenen Hörner aus. Die Kühe laufen frei in den Bergen herum und können mit ihren Hörnern wirklich Ehrfurcht erwecken. Sie sind jedoch sehr ruhige und friedfertige Tiere. Wenn die kleinen Kälber mit dabei sind, sollten Sie aber auf jeden Fall einen angemessenen Abstand halten.

Auch Wildpferde, die Garranos, können Sie hier mit etwas Glück sehen.

Auf der Weide befindet sich ebenfalls eine offene, aus Stein gebaute Schäferhütte und der Schatten der hohen Eichen lädt zum Verweilen ein ❸.

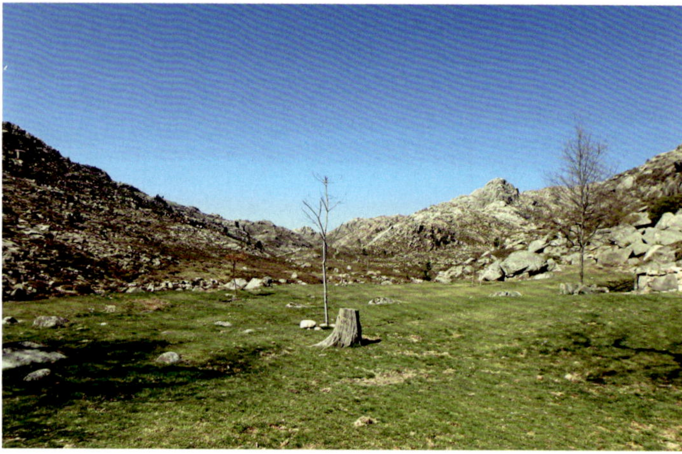

Weide im Teixeira-Tal

Etwas unterhalb der Wiese gibt es mehrere kristallklare Lagunen, die sich an warmen Tagen für ein Bad anbieten. Und das gilt natürlich nicht nur für Ihren vierbeinigen Freund.

Von der Weide Prado do Teixeira geht es nun im Teixeira-Tal (Vale do Teixeira) weiter nach Süden. Auf welcher Seite des Flusses Sie zunächst gehen, ist bei niedrigem Wasserstand nicht wichtig, da der Fluss sehr einfach zu kreuzen ist. Lediglich im Winter, nach starkem Niederschlag, ist der Rio do Camalhão nicht trockenen Fußes zu überqueren. Halten Sie sich in dem Fall links des Flusses.

500 m hinter der Weide Prado do Teixeira lassen Sie den Fluss an Ihrer rechten Seite, wo er in einer engen Schlucht verschwindet und dann zu einem Wasserfall wird, den Sie schon bald sehen werden. Sie setzen die Wanderung auf einem schmalen Pfad weiter geradeaus fort und die Aussicht über das vor Ihnen liegende Gerês ist atemberaubend. Es geht durch eine beeindruckende Landschaft stetig talwärts und die Wanderung führt abschnittsweise über Felsplatten, wo erneut Steinmännchen die Richtung weisen.

Der Pfad passiert die Baumgrenze und führt schließlich zum Wasserfall Cascata do Arado ❹. Hier stürzt sich der Fluss Rio do Camalhão in die Tiefe – im Sommer ist es oft nur ein plätschernder Bach, im Winter ein tosender Wasserfall. Von oberhalb des Wasserfalls sehen Sie bereits die Straße und eine Brücke.

Hier stehen Sie am oberen Ende einer steinernen Treppe, von der Sie eine hervorragende Aussicht auf den Wasserfall haben. Es ist bei diesem herrlichen Ausblick wirklich kein Wunder, dass der Wasserfall und der darunter liegende See auch bei der Lokalbevölkerung sehr beliebte Ausflugsziele sind. Unten finden Sie eine Bademöglichkeit.

Im Sommer sind Sie hier also nicht alleine, während es bei den Lagunen an der Bergweide deutlich ruhiger ist. Die meisten Menschen haben ganz einfach keine Lust, sich weit von ihrem Auto zu entfernen. Ein Glück für uns alle, die das Wandern genießen und auch gerne die Natur für uns alleine haben.

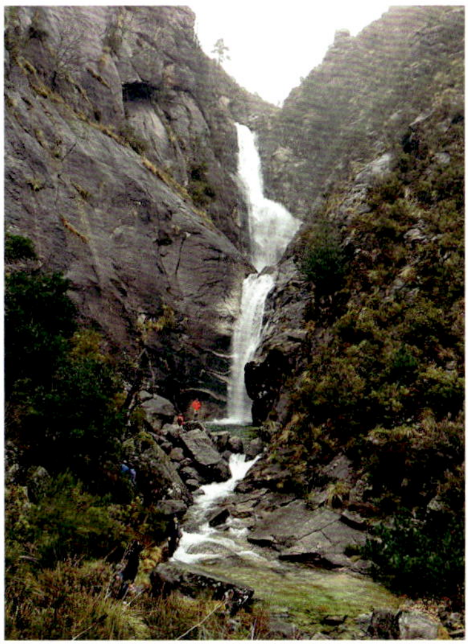

Wasserfall Cascata do Arado
© Paulo de Sousa

Steigen Sie die Treppe hinab und überqueren Sie die Brücke. Von diesem Punkt an verläuft der Weg auf dem Asphalt zurück zum Parkplatz. Nach 800 m teilt die Straße sich und Sie halten sich rechts ❺.

Jetzt ist der Endpunkt Ihrer Wanderung noch ungefähr 2,5 km entfernt. Es ist im Normalfall eine ruhige Angelegenheit, auf der schmalen Straße zu gehen. Hier treffen Sie eher auf eine Ziegenherde als auf zu viele Autos. Lediglich an den Wochenenden im August kann etwas mehr Verkehr sein.

Sie folgen der Straße am Haus der Parkwächter vorbei und befinden sich erneut am Startpunkt der Rundwanderung, dem Aussichtspunkt Pedra Bela.

❷ Via Nova – Die Römerstraße

Eine Wanderung für Natur- und Kulturinteressierte

Diese entspannte Wanderung eignet sich für Tage, an denen Sie den Schatten des Waldes genießen möchten und dies können Sie hier in Portugals einzigem Nationalpark, der sich durch seine vielfältige Flora und Fauna auszeichnet. Während sich in vielen anderen Waldgebieten fast nur noch Eukalyptusbäume finden, ist hier eine Vielfalt von Arten heimisch. Die Tour führt Sie auf eine römische Handelsstraße, die mehr als 2.000 Jahre alt ist. Entlang der Wanderung passieren Sie zahlreiche der gut erhaltenen Meilensteine und erhalten mit etwas Glück auch einen Blick auf das versunkene Dorf Vilarinho das Furnas. Bei niedrigem Wasserstand ragen die Hausruinen aus dem Stausee hinaus, dem die Bewohner weichen mussten.

Die Tour führt von der Grenze Portugals mit Spanien bis zum Campingplatz am Rande des Dorfes Campo do Gerês.

→ Start: am Grenzübergang Portela do Homem, GPS N 41°48.510' W 008°07.890'; Ziel: der Campingplatz Cerdeira, GPS N 41°45.782' W 008°11.461'

9,4 km

3 Std.

↑↓ 294 m/420 m

⇧ 569-764 m

Auf dieser Tour gibt es verschiedene Markierungen: zum einen Metallpfeiler mit der Aufschrift „Geira" und dazugehörige Infotafeln und dann natürlich die römischen Meilensteine.

Eine breite Sandpiste, teilweise steinig, auf dem ersten Abschnitt ein Wanderweg und am Ende Asphalt. Die Wanderung ist unkompliziert, der Weg ist überwiegend sehr breit und eignet sich daher in großen Teilen auch für Kinderwagen. Es sind weder Schwindelfreiheit noch Trittsicherheit erforderlich.

auf dem Campingplatz am Ziel (km 9,4)

keine

Keine direkt an der Strecke. Sie können aber einen Abstecher zu einer unbewachten Badestelle am See machen.

Für kleinere Kinder könnte die Wanderung zu lang sein, sie lässt sich jedoch natürlich nach Belieben verkürzen. Naturbegeisterte Kinder, die gerne einen richtigen Urwald entdecken wollen, werden diese Wanderung spannend finden.

Diese Tour ist für Hunde gut geeignet. Es ist zudem möglich, zum Stausee hinunterzugehen, wo Ihr Hund sich im Wasser abkühlen kann.

Anfahrt in den Nationalpark ☞ Tour 1. Zwischen Braga und Campo do Gerês gibt es unter der Woche viermal täglich eine Busverbindung, am Wochenende zweimal täglich, www.transdev.pt.

Am Campingplatz oder im Informationszentrum in Campo do Gerês können Sie nach einem Taxi fragen, dass Sie wieder zum Ausgangspunkt bringt.

Am Anfang des Forstweges und am Grenzübergang Portela do Homem gibt es kostenfreie Parkplätze, ebenso vor dem Campingplatz Parque de Cerdeira.

☺ Sie können die Strecke auch in umgekehrte Richtung laufen. Von der Grenze können Sie der Römerstraße dann sogar weiter bis zu warmen Quellen in dem galicischen Ort Bubaces folgen (☞ S. 32).

Was diese Wanderung so einzigartig und fesselnd macht, ist der Einblick in die Geschichte der Region. Wie Sie bemerken werden, bestehen Teile des Pfades aus überwuchertem Kopfsteinpflaster. Das Geheimnis hinter dieser verfallenen Straße ist das Dorf Vilarinho das Furnas, das einst dort lag, wo sich nun der Stausee mit dem gleichen Namen befindet.

Das Dorf soll bereits zur Zeit der römischen Besetzung existiert haben und bis zur Zwangsräumung im Jahre 1971 lebten seine rund 300 Bewohner in einer Art Kommune, in der alle Besitztümer geteilt und Entscheidungen gemeinsam getroffen wurden. Die Entschädigung für die Bewohner war sehr gering und sie nahmen alles von Wert aus den Häusern mit, sogar die Dachziegel. Bei niedrigem Wasserstand ist es weiterhin möglich, einige Hausruinen aus dem See ragen zu sehen.

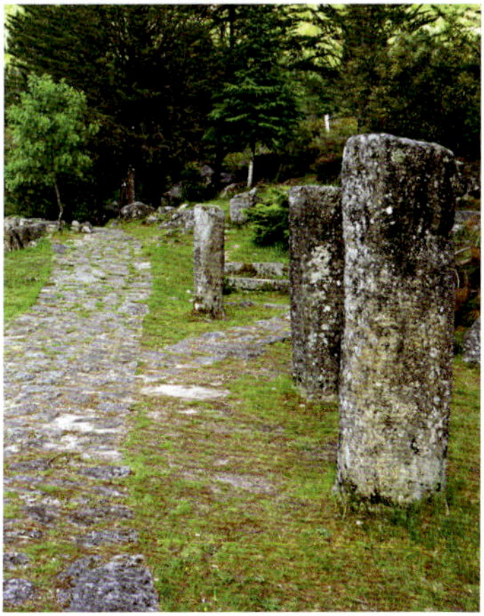

Meilensteine in Galicien

⌘ Die zweite historische Besonderheit sind die Überreste der Via Nova oder Geira, einer Römerstraße, die zur Zeit Christi erbaut wurde. Diese Straße verband die Siedlungen Bracara Augusta, heute

Braga, und Astúrica Augusta, heute Astorga, miteinander. Die Strecke beträgt 318 km. Die Meilensteine finden sich sowohl auf der portugiesischen als auch auf der spanischen Seite der Grenze. Die Geira ist 215 römische Meilen lang – eine Meile entsprach bei den Römern 1.000 Schritten, was heute 1.481 m entspricht. Die Römer waren allem Anschein nach mit großen Schritten unterwegs.

Die Geira ist intelligent gelegt und führt auf dem einfachsten Weg durch die gebirgige Landschaft. Diese Handelsstraße, Teil eines riesigen Netzwerkes an Römerstraßen, wurde nicht nur zu Zeiten der römischen Besiedelung genutzt, sondern hier in Nordportugal bis ins 20. Jahrhundert. Römer, Hirten, Reisende oder die Bewohner von Orten wie Vilarinho das Furnas verkehrten hier über Jahrhunderte und heute wandern Sie in ihren Fußspuren. Neben den römischen Steinsäulen besteht die Markierung heute aus bronzefarbenen Pfeilern mit dem Wort „Geira“, die Orientierung ist dementsprechend nicht sonderlich schwer.

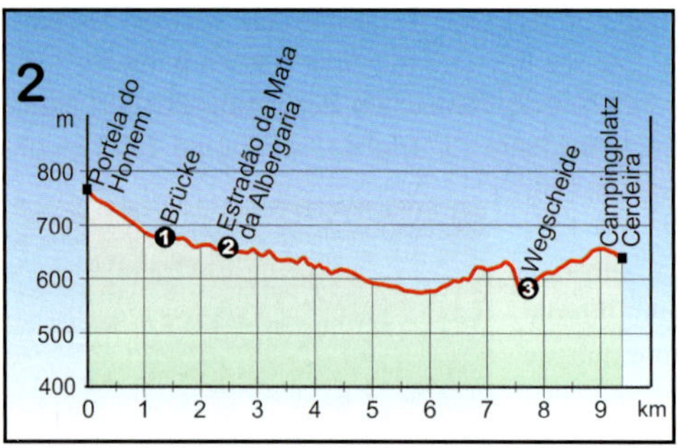

Ausgangspunkt der Wanderung ist der ⚒ Grenzübergang Portela do Homem, im Herzen des Nationalparks.

Von der Landstraße geht nach Süden hin ein Wanderweg ab. Diesem folgen Sie zunächst talwärts. Der Steig führt in den Wald hinein und schlängelt sich durch das Tal. Sie beginnen den Abstieg zum Fluss Rio Homem, den Sie bei hohem Wasserstand schon in der Ferne rauschen hören können. Nach 1 km Wanderung überqueren Sie die moderne Holzbrücke Ponte de São Miguel, die über den Fluss führt ❶. Diese Brücke wurde im Jahr 2008 fertiggestellt und erlaubt seitdem die problemlose Begehung der Römerstraße. Die ursprünglichen Konstruktionen wurden im 17. Jahrhundert zerstört, kurz nachdem Portugal seine Selbstständigkeit von Spanien zurückgewonnen hatte.

Nach einem weiteren Kilometer überqueren Sie auf dem Pfad den Fluss Rio do Forno und treffen gleich dahinter auf die breite Sandstraße Estradão

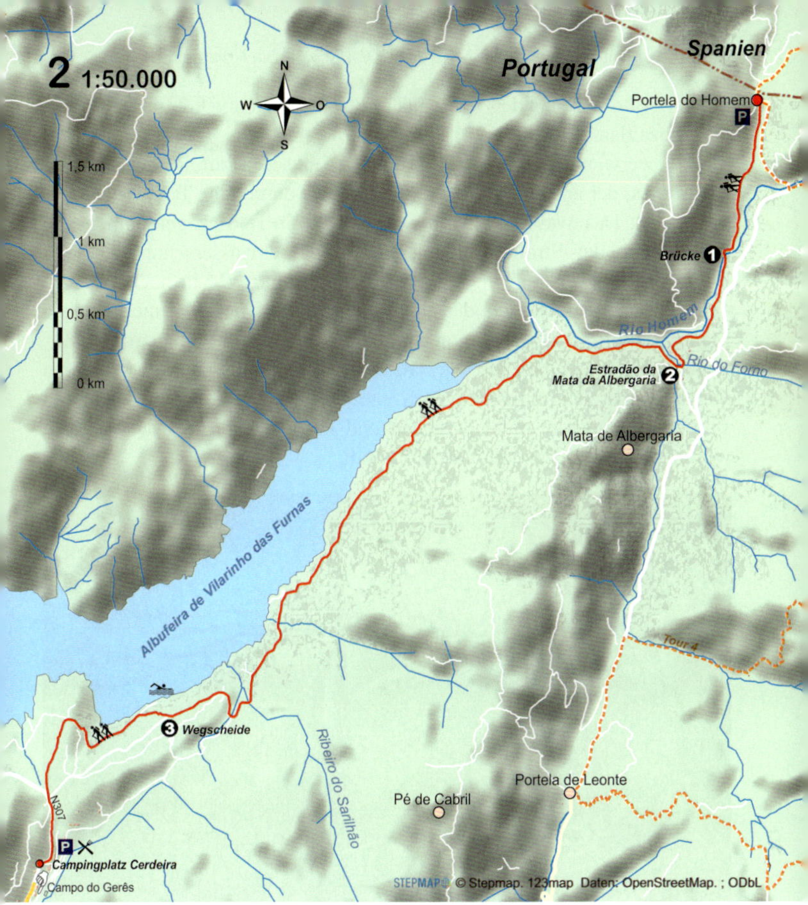

da Mata da Albergaria ❷. Mata da Albergaria ist der Name des einzigartigen Urwaldes in diesem Bereich des Nationalparks. Sie folgen nun der Piste nach Nordwesten über eine Brücke und dann immer geradeaus.

Die Straße verläuft etwas oberhalb des Tals, mit dem Fluss Rio Homem immer zu Ihrer Rechten. Je nach Saison und Wetter fährt hier ab und an auch ein Auto, seien Sie also wachsam. Der Verkehr ist im Sommer jedoch begrenzt und die Durchfahrt auf der Sandstraße von Campo do Gerês zur Landstraße N308 ist zudem kostenpflichtig. Während der Sommermonate müssen Autofahrer an den Kassenhäuschen anhalten und € 2 für die Durchfahrt bezahlen.

Bald verwandelt sich der Fluss in den Stausee Albufeira de Vilarinho das Furnas, der an seinem südwestlichen Ende durch eine Talsperre aufgestaut wird. Das Wasserkraftwerk wurde 1972 in Betrieb genommen und dient neben der Stromerzeugung auch als Hochwasserschutz. Die aus Beton gegossene Staumauer der Talsperre ist ganze 94 m hoch und fast 400 m breit – ein Anblick, der nicht allen gefällt. Und es ist nicht nur die Mauer, die missfällt, sondern auch die Tatsache, dass nun bis zu 118 Millionen m³ Wasser einen Teil des Nationalparks überschwemmen. Man kann über die positiven und negativen Konsequenzen eines solchen Baus wohl streiten. Kraftwerke muss es geben und Portugal ist eines der wenigen westeuropäischen Länder ohne Atomkraft.

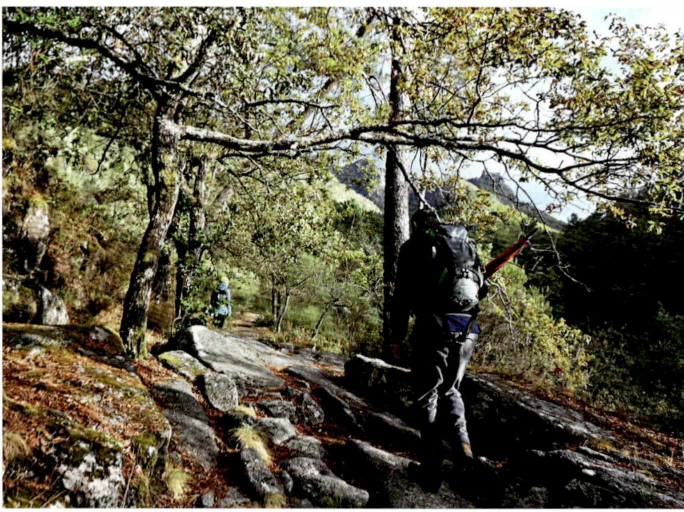

Herbstwanderung

1,5 km bevor Sie die asphaltierte Straße in Campo do Gerês erreichen, teilt sich der Weg noch einmal ❸. Wenn Sie möchten, können Sie hier einfach auf der Sandpiste weitergehen, während der untere Pfad schmaler und unebener wird.

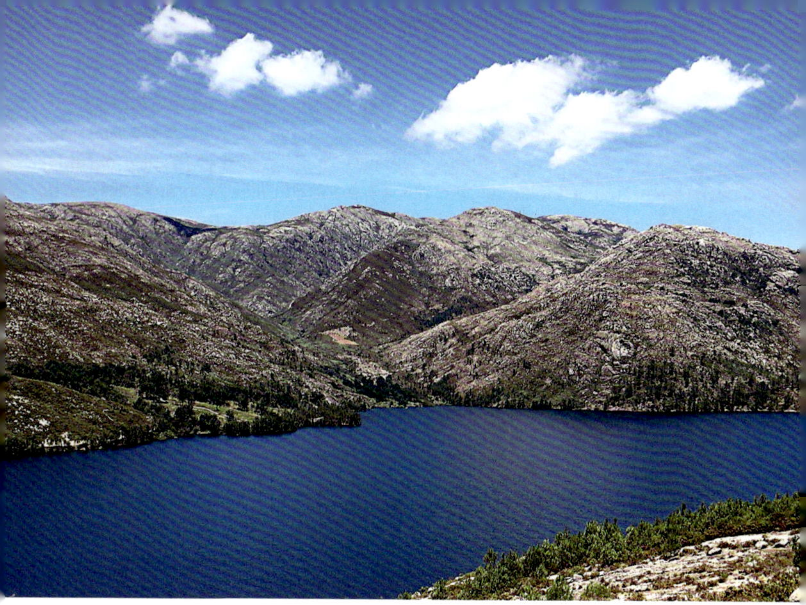

Der Stausee Albufeira de Vilarinho das Furnas © Paulo de Sousa

Hier gibt es auch die Möglichkeit, rechts zu einigen felsigen, unbewachten Badestellen am See hinunterzusteigen.

Beide Wege treffen an der Landstraße N307 wieder zusammen, wo Sie nach links zum Ziel der Wanderung abbiegen müssen. Auch hier gibt es Parkmöglichkeiten, die ebenso wie am anderen Ende des Wanderweges, an der Grenze Portela do Homem, nicht markiert sind. Am Ende der Wanderung finden Sie einen freundlichen Campingplatz mit Restaurant.

Restaurant auf dem Campingplatz, Rua de Cerdeira 400, Campo do Gerês, 4840-030 Terras de Bouro, +351 253 19 14 41, info@parquecerdeira.com, keine festen Zeiten, in der Regel von morgens bis abends offen

Im Ort gibt es neben dem Campingplatz außerdem eine Jugendherberge und verschiedene private Unterkünfte. Es besteht also die Möglichkeit, diese Wanderung in zwei Tagesetappen aufzuteilen und am nächsten Tag zum Ausgangspunkt der Wanderung zurückzulaufen.

☺ Im Ort Campo do Gerês befindet sich das ⌘ Museum Museu Etnográfico. Hier werden Ausstellungen zur Römerstraße und dem Dorf Vilarinho das Furnas, das im Stausee versank, gezeigt. Das Museum befindet sich im gleichen Gebäude wie das ℹ Informationszentrum. Der Eintritt kostet € 2 (dies gilt natürlich nicht, wenn Sie nur ins Infozentrum möchten).

⌘ ℹ Museu Etnográfico, Porta do PNPG Campo do Gerês, 4840-030 Campo do Gerês
☎ +351 253 35 18 88, 💻 www.cm-terrasdebouro.pt,
✉ museu@cm-terrasdebouro.pt, 🚪 Mo-So 8:30-12:30 und 13:30-17:30

☺ ↳ Von der Grenze bei Portela do Homem können Sie auf der Via Nova auch nach Spanien wandern. Der Wanderweg ist auf der anderen Seite der Grenze ebenfalls breit und leicht zu gehen. Die Via Nova folgt dem Fluss Río Caldo in das Tal hinab und es handelt sich auch hier um eine angenehme Wanderung durch den dichten Wald. Sie passieren unter anderem den Wasserfall Corga da Fecha, römische Meilensteine und die Überreste eines römischen Hauses namens Mansio Aquis Originis.

Das attraktive Ziel dieser 8 km langen Wanderung sind die Thermalquellen im Dorf Os Baños (zu Deutsch: die Bäder). Hier finden Sie einen kostenlosen Pool unter freiem Himmel, der Tag und Nacht geöffnet ist. Diese herrliche Entspannungsmöglichkeit ist immer noch ein Geheimtipp und bislang trifft sich hier vor allem abends die Lokalbevölkerung. Auch viele ältere Leute aus Portugal kommen mit ihren Wohnmobilen und verbringen hier ein paar Tage. Das Wasser im Becken ist zwischen 37 und 39° C warm, kommt jedoch mit 77° C aus dem Erdreich.

Schon zu Zeiten der Römer waren diese heißen Quellen bekannt und beliebt. Das Thermalwasser soll einen positiven Effekt auf Verdauungsbeschwerden, Haut- und Atemprobleme haben. Denken Sie daran, Badebekleidung und ein Handtuch mitzunehmen. Baden Sie bitte nicht in Ihrer schwitzigen Wanderbekleidung, dies ist unhygienisch und den anderen Badegästen gegenüber unfreundlich.

Im Dorf Os Baños gibt es Übernachtungsmöglichkeiten und Restaurants. Es ist also möglich, die Wanderung auf zwei Tage aufzuteilen, auch wenn Sie für die relativ kurze Strecke von der Grenze aus nicht mehr als 2 Std. 30 Min. benötigen sollten.

3 Die Bergweiden von Pousios

Eine Bergwanderung für Naturfreunde

Diese recht kurze Rundwanderung führt Sie in einen weniger besuchten Winkel des Gerês. Von dem kleinen Dorf Pousios führt ein alter, gepflasterter Pfad hinauf in die Berge und zu den Ruinen ehemaliger Ställe und Hütten der Hirten. Sie bekommen eine wundervolle Aussicht über die felsige Landschaft und die grünen Terrassenfelder unten im Tal. Hier oben können Sie auch Wildpferden oder anderen weidenden Tieren begegnen. Weiter geht es durch das Dorf Ribeiro de Baixo und am Fluss Rio Castro Laboreiro zurück zum Ausgangspunkt.

Start/Ziel: am alten Parkwächtergebäude im Dorf Pousios, GPS N 41°57.860' W 008°11.005'

7,9 km

3 Std.

676 m/676 m

568-1.016 m

Die offizielle Markierung des PR Curro da Velha sind rot-gelbe Streifen. Zusätzlich finden sich auch die typischen Steinmännchen, die von Schäfern und anderen Wanderern aufgestellt wurden.

Sandige und steinige Wanderwege und etwas Asphalt. Nahezu die gesamte Strecke ist der Sonne ausgesetzt, denken Sie also an Sonnenschutz. Sie benötigen ein wenig Trittsicherheit, jedoch keine Schwindelfreiheit.

Sie finden entlang der gesamten Strecke keine Restaurants. Auf der spanischen Seite der Grenze ist der Ort Lobios am nächsten gelegen. Dieser ist mit dem Auto ungefähr 30 Min. entfernt. Dort ist besonders das Restaurant Lusitano im gleichnamigen Hotel zu empfehlen, das lokale Spezialitäten anbietet, z. B. Wild aus der Region. Auf der portugiesischen Seite ist die Ortschaft Castro Laboreiro am nächsten. Auch hier finden Sie Restaurants.

keine

Die Wanderung ist nicht sehr lang und hat auch nicht sonderlich viele Höhenmeter, daher ist sie auch für Kinder geeignet.

Die Tour eignet sich gut für Hunde, es gibt jedoch nicht zu jeder Jahreszeit Wasser entlang des Weges, auch wenn Sie mehrere Bäche überqueren werden.

P Es gibt kostenlose Parkmöglichkeiten direkt am Startpunkt.

Beginnen Sie die Wanderung am alten Haus der Parkwächter. Von der linken Seite des Gebäudes aus führt ein breiter Karrenweg aus Steinplatten im Zickzack langsam, aber stetig bergaufwärts. Nach 1,4 km sind Sie bereits auf 1.000 m Höhe und hier ist Aufmerksamkeit gefragt, denn ein breiterer Pfad führt geradeaus weiter, während der Wanderweg scharf nach links abbiegt ❶. Kleine Steinmännchen (auf Portugiesisch *mariolas* genannt) helfen jedoch, den richtigen Weg zu finden.

Genau an der Wegscheide liegen die *brandas*, die mit Steinplatten eingegrenzten Bergweiden und die Ruinen der Ställe. Auch heute weiden hier oben noch Ziegen und Kühe, die Hütten der Schäfer wurden jedoch schon vor Langem dem Verfall überlassen.

Nun geht es nicht mehr in die Höhe, sondern auf dem Hochplateau weiter nach Süden, bis Sie nach weiteren 600 m zum Curro da Velha, den „Ställen der alten Frau", die diesem Wanderweg seinen offiziellen Namen geben, gelangen ❷.

Der steinerne Pfad schlängelt sich weiter über den Bergrücken und wenn es gerade beginnt, bergab zu gehen, passieren Sie die Schäferhütte Chão da Roca.

Aussicht am Weg

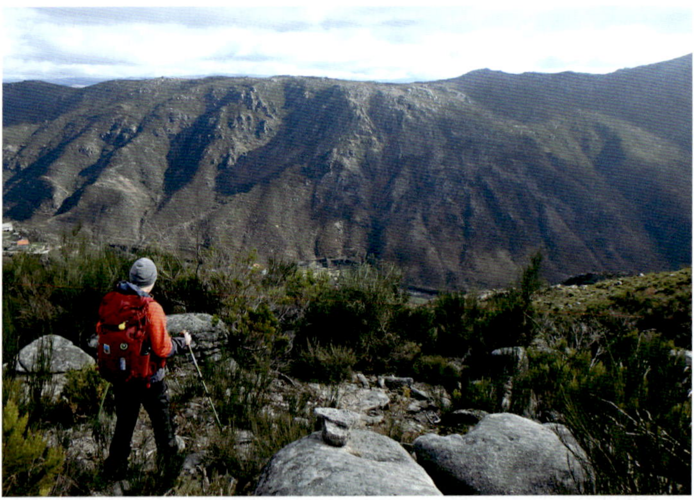

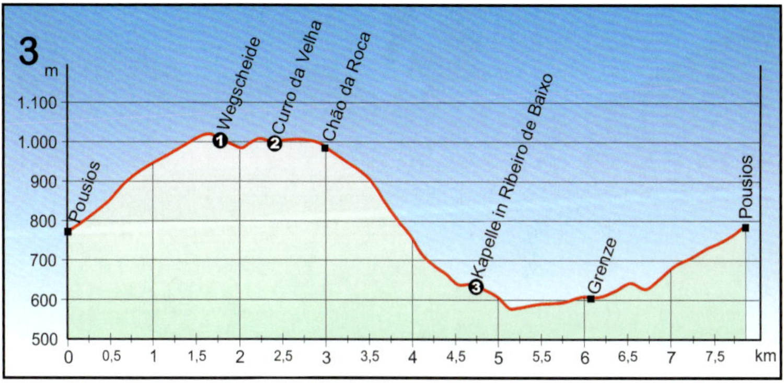

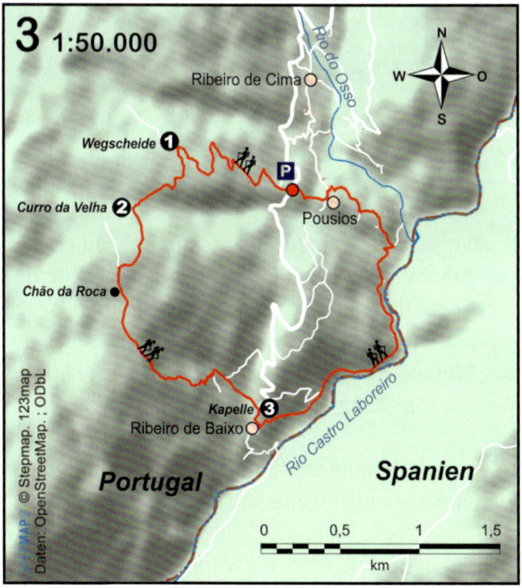

Die Aussicht über das Tal und Spanien auf der anderen Seite des Flusses ist entlang des gesamten Weges schön.

Von hier an wird das Gefälle steiler und der Pfad folgt einem kleinen Bach. Im Winter oder nach starken Regenfällen kann es hier recht rutschig sein, gehen Sie also mit entsprechender Vorsicht.

Bald kommen die ersten Häuser des Bergdorfes Ribeiro de Baixo in Sicht und der zuvor recht anspruchsvolle Pfad verwandelt sich an dieser Stelle in einen breiten, von einer Steinmauer gesäumten Fußweg. Zu Ihrer Rechten können Sie die schmalen Felder der Bauern betrachten, die in zahllosen Terrassen in den Hang gebaut wurden. Folgen Sie immer den deutlichen Markierungen.

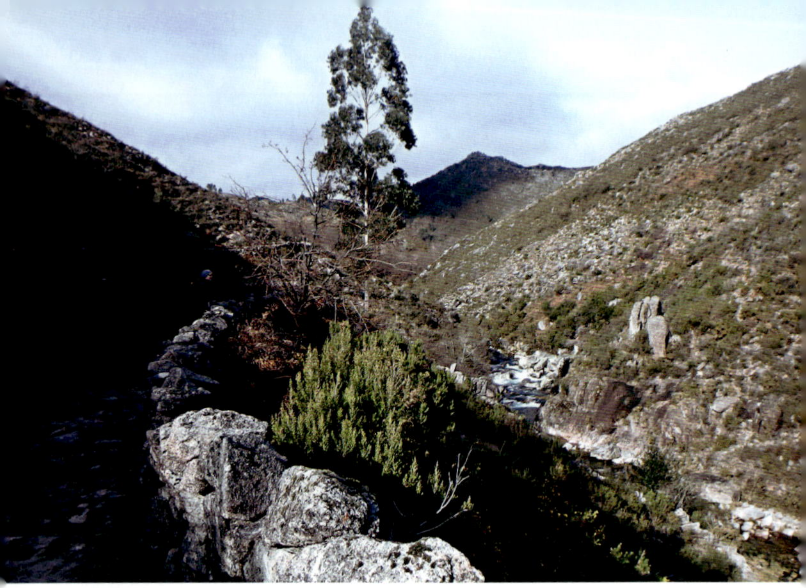

Am Fluss Rio Castro Laboreiro

Ribeiro de Baixo ist ein abgelegenes und ursprüngliches Bergdorf. Hier finden Sie weder eine Einkaufsmöglichkeit noch ein Café. Die Markierungen führen Sie zur niedlichen, kleinen Kapelle des Ortes ❸.

Unterhalb des Friedhofes setzen Sie Ihren Weg nicht auf der Straße fort, sondern biegen scharf nach links ab. Anschließend folgen Sie dem Verlauf des Flusses Rio Castro Laboreiro in nordöstlicher Richtung. Auch dieser Weg ist mit Steinplatten gepflastert und von einer kleinen Mauer begrenzt.

Auf der anderen Seite des Flusses liegt Spanien. An dieser Stelle ist die Grenze jedoch weder sichtbar noch spürbar.

1,7 km nachdem Sie die Kapelle in Ribeiro de Baixo passiert haben, lassen Sie den Fluss zu Ihrer Rechten liegen. Hier beginnt der letzte, kurze Aufstieg zurück in das Dorf Pousios.

Der Wanderweg steigt stetig an und trifft im unteren Teil des Dorfes schließlich auf eine kleinere Straße. Sie gehen diese hinauf, biegen dann an der Kreuzung nach rechts ab und folgen der Straße, bis Sie wieder am Ausgangspunkt Ihrer Wanderung angekommen sind.

4 Vom Forsthaus Casa de Leonte zu den Gebirgsweiden Prados da Messe

Eine herausfordernde Wanderung für Bergenthusiasten

Diese schwere Rundwanderung führt Sie in die wirkliche Wildnis des Gerês. Sie kommen während des Aufstiegs an mehreren Hirtenhütten vorbei und passieren schließlich die Baumgrenze. Sie kommen dem felsigen Gipfel des Berges Pé de Medela nahe und können eine fantastische Aussicht über das gesamte Gebirge genießen. Über mehrere Bergwiesen und durch absolut ursprüngliches Gelände gelangen Sie schließlich zum oberen Ende des malerischen Teixeira-Tals, von wo der Abstieg hinunter zum Ausgangspunkt beginnt. Auch wenn die Wanderung in Kilometern nicht sonderlich lang ist, so kann sie doch einen ganzen Tag in Anspruch nehmen, insbesondere wenn Sie sich Zeit zum Verweilen an den Bergweiden nehmen.

Start/Ziel: am verlassenen Forsthaus Casa de Leonte, GPS N 41°46.036' W 008°08.807'

12,7 km

5 Std.

1.110 m/1.110 m

795-1.360 m

Diese Tour hat keine offizielle Markierung. Der Pfad ist zumeist gut ausgetreten und Steinmännchen verschiedener Größe weisen den Weg. Eine Karte oder ein GPS-Gerät sind empfehlenswert.

Schmale und steinige Wanderwege; der erste Abschnitt verläuft über Asphalt. Auf dem Hochplateau kann es bedeutend kälter sein als im Tal. Im Winter können Sie hier auf Eis und Schnee treffen. Trittsicherheit und Ausdauer sind von Nöten, schwindelfrei brauchen Sie nicht zu sein. Denken Sie an Sonnenschutz.

Keine Einkehrmöglichkeiten am Weg. Die nächsten Restaurants und Supermärkte finden Sie in Vila do Gerês. Denken Sie an Proviant und Wasser für unterwegs.

Keine Rastplätze, aber an den Bergweiden gibt es neben den steinernen Hütten meist Steine oder Baumstämme, die als rustikale Sitzgelegenheiten dienen.

Diese Tour ist spannend und bietet viele abenteuerliche Entdeckungen. Die Wanderung ist jedoch auch relativ lang und schweißtreibend. Die Tour ist daher am besten für Kinder geeignet, die das Bergwandern gewohnt sind und gerne einen ganzen Tag draußen verbringen.

Sehr steinige und steile Pfade. Es gibt mehrere Quellen und kleine Bäche, aus denen getrunken werden kann.

P Kostenloser Parkplatz am Startpunkt. Vor dem verlassenen Forsthaus ist es möglich, das Auto abzustellen.

Diese Wanderung führt durch ein Gebiet des Nationalparks Peneda-Gerês, das offiziell **nur mit vorheriger Erlaubnis** betreten werden darf, die Zona de Protecção Total. Zugleich ist diese Gebirgswelt ohne Zweifel eine der attraktivsten des gesamten Nationalparks und auf den nicht markierten Wanderwegen treffen Sie im Sommer Scharen von Wanderern. Dieses spezielle Schutzgebiet ist seltsamerweise weder auf der Wanderkarte von Adventure Maps vermerkt, noch weisen Informationstafeln oder Schilder darauf hin. Auch Ranger sucht man meistens vergebens. Eine der typischen Widersprüchlichkeiten Portugals, die sich hoffentlich im Zuge des sich entwickelnden Tourismus verbessern werden. Dies bedeutet nicht, dass alle Teile des Nationalparks dem Tourismus zugänglich gemacht werden sollten, sondern, dass die Vorschriften deutlich kommuniziert und auch in der Praxis durchgesetzt werden.
Eine Erlaubnis können Sie bekommen, wenn Sie Ihr geplantes Vorhaben an pnpg@icnf.pt senden. Anzahl der Wanderer, Datum, GPS-Track und Ihre Kontaktdaten sollten mit in die E-Mail. Die schriftliche Erlaubnis wird laut der Homepage des Nationalparks per Post gesendet.

Die Wanderung beginnt beim Forsthaus Casa de Leonte, das an der schmalen Straße liegt, die den Ort Vila do Gerês mit der spanischen Grenze verbindet. Hier lassen Sie das Auto stehen und folgen der Straße 1 km nach Norden. An einem kleinen Gebirgsbach biegen Sie nach rechts ab ❶. Sie folgen dem Weg für 800 m und überqueren nun den Bach auf einer schmalen Brücke. Von diesem Punkt an wird der Pfad immer steiler und Sie gewinnen rasch an Höhe. Sie passieren zwei kleinere Hütten, die Schäfern gehören, aber nur zeitweise genutzt werden.

Bald lassen Sie den Wald hinter sich und der Bergpfad steigt über Felsplatten und durch steinerne Formationen führend weiter an. Nahe dem Gipfel Pé de Medela ❷ ist die Orientierung am schwierigsten. Hier wächst hohes Gestrüpp, das die Steinmännchen schlecht sichtbar macht. Sie brauchen sich hier nicht genau an den GPS-Track zu halten, wählen Sie den einfachsten Weg.

Auch wenn die Wanderung an dieser Stelle nicht so mühelos ist, so ist die Aussicht doch spektakulär!

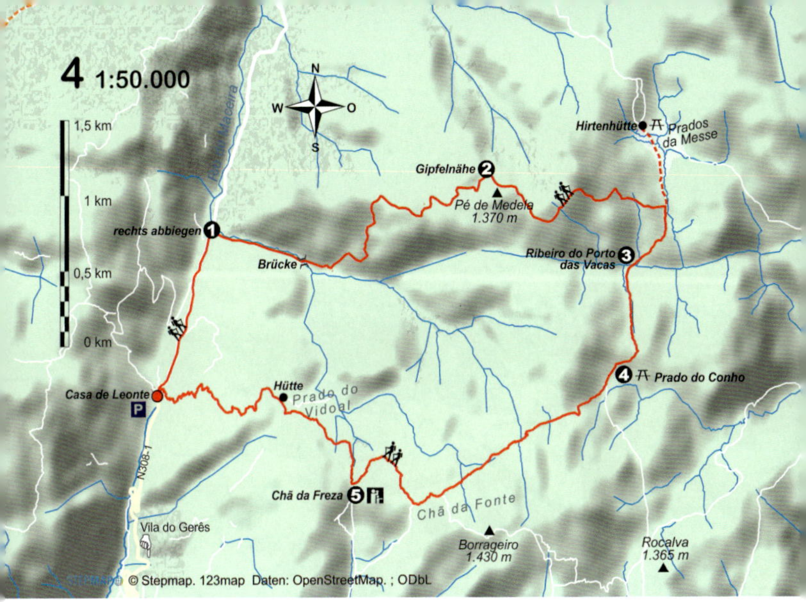

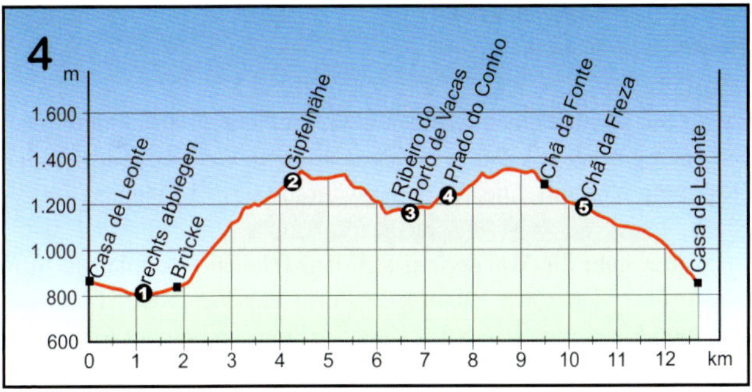

Nach insgesamt 4,6 km haben Sie die großen Felsblöcke hinter sich gelassen und der Pfad ist glücklicherweise wieder sehr deutlich. Bald sehen Sie ein Tal vor sich; hier liegt die Gebirgsweide Prados da Messe. Der Abstieg ins Tal ist nicht so gut markiert und auch hier können Sie den Weg wählen, der Ihnen am einfachsten vorkommt. Der Pfad, auf den Sie im Tal stoßen werden, ist schon von hier aus sichtbar und die beste Option ist mehr oder weniger direkt auf diesen zuzugehen.

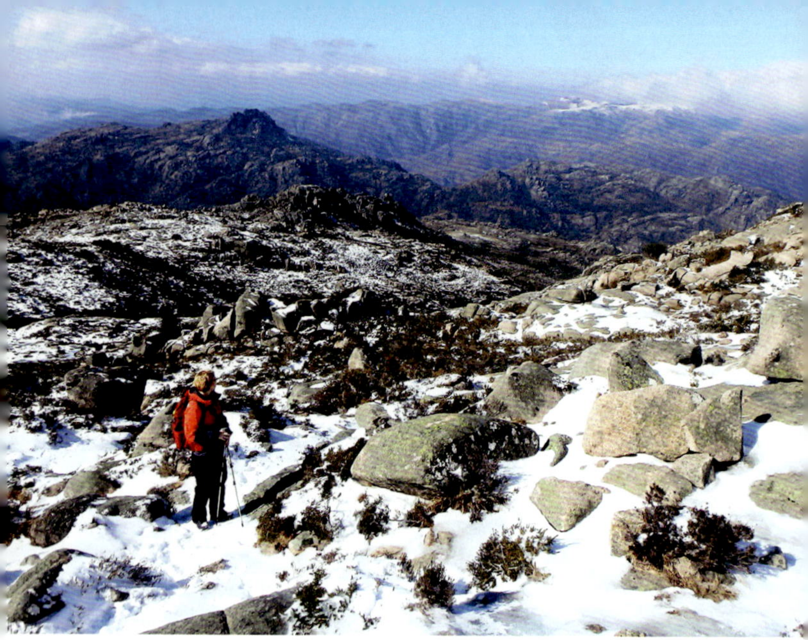

Meilenweite Aussicht

↬ Sie können einen Abstecher zur steinernen Hirtenhütte machen, wo Sie auch gut eine ⛼ Pause einlegen können. Gehen Sie im Tal nach links (Richtung Norden). Die Weide ist während des Abstiegs im Tal zu sehen.

Weiter geht die Wanderung auf dem flachen Hochplateau in Richtung Süden über den Bach Ribeiro do Porto das Vacas ❸. Hinter dem Bach kommen Sie in ein kleines Tal, dem Sie langsam bergauf folgen, bis Sie die nächste Bergweide erreichen ❹.

Die Weide trägt den Namen Prado do Conho und auch hier finden Sie eine kleine Hütte und ein paar schattige ⛼ Sitzmöglichkeiten unter den knorrigen Eichen.

Von hier aus ist der sandige Pfad gut ausgetreten und führt ein letztes Mal bergan zum höchsten Punkt der heutigen Wanderung. Von diesem Bergsattel haben Sie ein imponierendes Panorama auf die raue Landschaft um Sie herum. Die aufgetürmten Steinmännchen sind enorm, sodass die Orientierung auch bei Schnee oder Nebel möglich ist.

Nach insgesamt 9,5 km passieren Sie eine kleine Ebene, die wahrscheinlich einst als Weide diente. Sie nennt sich Chã da Fonte. Weiter geht es talwärts zu einer ähnlichen Ebene mit dem Namen Chã da Freza ❺.

Von hier haben Sie einen Blick in das Tal Vale do Teixeira. Auch dieses Tal ist sehr beliebt für Wandertouren und lässt sich bis zu einem der befahrbaren Forstwege oberhalb des Ortes Vila do Gerês durchqueren (☞ siehe Tour 1).

Beim Chã da Freza, nach insgesamt 10,3 km Wanderung, biegt der Weg scharf rechts ab und Sie setzen die Wanderung in nördlicher Richtung fort. Eine felsige Bergkuppe versperrt Ihnen die Sicht nach Westen, aber schon bald haben Sie die Felsen umrundet und kommen zu der letzten Bergweide dieser Wanderung namens Prado do Vidoal.

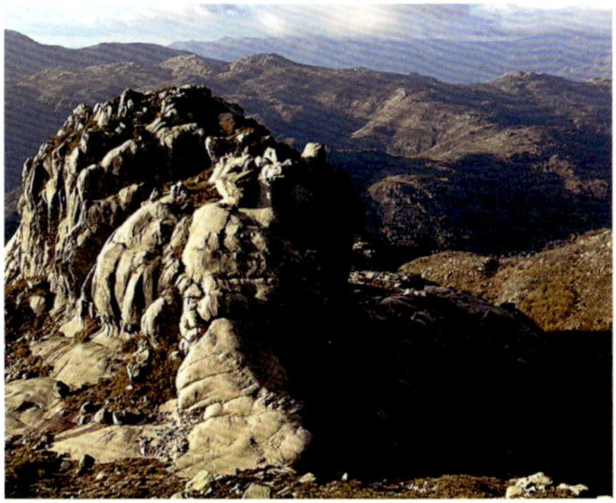

Die dramatische Felslandschaft des Gerês
© Paulo de Sousa

Auch hier finden Sie eine knorrige Eiche und eine kleine, steinerne Hütte. Dieses Mal sogar mit einem Dach aus Steinplatten. Von hier aus gibt es keine Schwierigkeiten mehr, dem Weg zu folgen, denn nun können Sie einem ehemals gepflasterten Bergsteig im Zickzack ins Tal folgen. Die Steinmännchen sind zahlreich und eigentlich kaum nötig.

Vorsicht ist geboten, falls es kürzlich heftig geregnet hat, dann kann das Gestein an diesem steilen Abstieg sehr glatt sein.

Schon bald können Sie die asphaltierte Straße sehen und verlassen den Wanderweg am Ziel schließlich genau oberhalb des Forsthauses Casa de Leonte.

5 Das Bergdorf und Kloster Pitões das Júnias

Eine kurze Rundwanderung für Familien und Naturfreunde

Der Wanderweg des Bergdorfes Pitões das Júnias ist eine kurze und einfache Strecke, die auf ihren 4 km jedoch jede Menge unglaubliche Aussichten auf die kargen Gipfel des Gerês und kulturelle Sehenswürdigkeiten bietet. Auch diese Tour ist ein Rundwanderweg und ließe sich in lediglich einer Stunde bewältigen. Am schönsten ist es jedoch, wenn Sie sich für diesen Ausflug mindestens einen Vor- oder Nachmittag Zeit lassen und die Umgebung in Muße genießen.

Die Sehenswürdigkeiten entlang der Wanderung sind die schmalen Gassen und uralten Häuser des Dorfes Pitões das Júnias, die Ruinen eines 700 Jahre alten Klosters, ein Wasserfall und einer der schönsten Aussichtspunkte des Gerês. Im Dorf Pitões das Júnias gibt es mehrere Restaurants.

- Start/Ziel: Parkplatz am Friedhof von Pitões das Júnias, GPS N 41°50.299' W 007°56.797'
- 4,4 km
- 2 Std.
- 238 m/238 m
- 1.008-1.186 m
- die offizielle Markierung des PR Trilho de Pitões das Júnias: rot-gelbe Striche auf Steinen und Holzschildern
- Schmale, steinige Wanderwege, Asphalt und Kopfsteinpflaster. Für diese Tour sind weder gute Kondition, noch Trittsicherheit oder Schwindelfreiheit von Nöten.
- Keine Einkehrmöglichkeiten am Weg. In Pitões das Júnias gibt es aber nicht weit vom Weg entfernt mehrere Restaurants und Bars. Besonders zu empfehlen ist das Hotel und Gasthaus Casa do Preto (www.casadopreto.com) in der Straße Largo Salgueiro 3 . Für einen Kaffee, ein Bier oder einen Snack eignet sich das gemütliche Lokal Taverna Terra Celta in der Rua dos Caldeireiros 2.
- Rastmöglichkeiten gibt es am Aussichtspunkt beim Wasserfall (km 2,5).
- Diese Wanderung ist für Kinder gut geeignet. Der Aussichtspunkt lädt zum Picknicken und Verweilen ein. Die Tour ist kurzweilig und bietet zahlreiche spannende Entdeckungen.

🐕 Sehr gut für Hunde geeignet. Es gibt mehrere kleine Bäche zum Trinken.

🅿 Kostenloser Parkplatz am Startpunkt beim Friedhof. ✋ Vermeiden Sie es, ins Dorf hineinzufahren. Die Gassen sind aus einer Zeit, als es noch keine Autos gab. Die Durchfahrt ist zwar möglich, aber falls Ihnen ein anderes Fahrzeug entgegenkommt, ist es notwendig, mit eingeklappten Rückspiegeln zurückzusetzen. Eine abenteuerliche Erfahrung, auf die die meisten von uns verzichten können.

✋ Haben Sie einen Blick auf die Wettervorhersage. Zwischen November und März kann es in dieser Höhenlage schneien. Dies steigert nicht nur die Schwierigkeit der Wanderung, sondern auch der Anfahrt. Haben Sie jedoch geeignete Alljahresreifen und festes Schuhwerk, so ist das winterliche Gerês ein absolutes Muss. Das schneebedeckte Panorama der unzähligen Gipfel ist einfach magisch anzusehen.

Dieser Wanderweg ist in beide Richtungen in rot und gelb markiert und beginnt bei dem kleinen Friedhof des Dorfes, auf Portugiesisch *cemitério*. Hier gibt es auch Parkmöglichkeiten. Schon vom Startpunkt aus ist die Aussicht auf die Gipfel des Gerês, die auf der anderen Seite des bewaldeten Tales liegen, imposant. Auf einer kleinen Erhebung steht ein trigonometrischer Punkt (*vértice geodésico*) in Form eines Betonsockels, zu dem Sie laufen. Von hier können Sie schon direkt zu Beginn Ihrer Wanderung die Umgebung bestaunen.

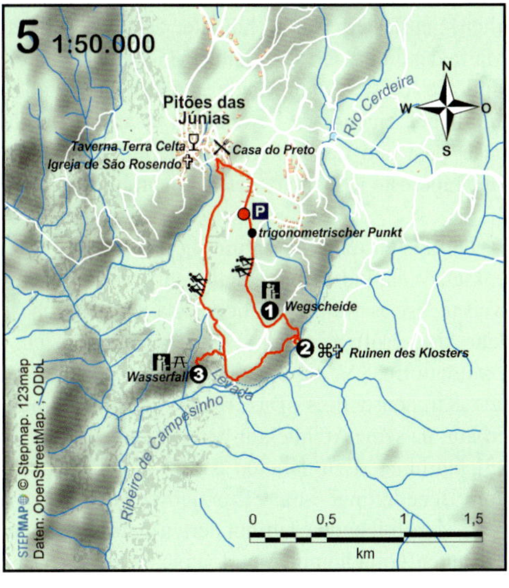

Nun geht es auf der asphaltierten Straße weiter und langsam bergab. Der Weg wird nach einer Weile etwas schmaler und Kopfsteinpflaster ersetzt Asphalt. Sie kommen zu einer Kreuzung mit einer Ausschilderung für das Kloster (*mosteiro*) und den Wasserfall (*cascata*) in

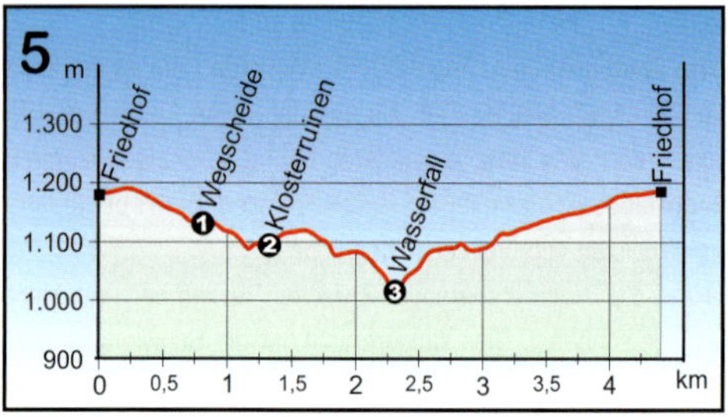

die entgegengesetzte Richtung ❶. Sie biegen nach links, in Richtung des Klosters, ab. Keine Angst, Sie werden den Wasserfall nicht verpassen – an diesem kommen Sie später vorbei.

Von dieser Kreuzung aus haben Sie erneut einen Panoramablick über das Gebirge Serra do Gerês, das auf der anderen Seite des Tales liegt. Von rechts nach links können Sie hier einige der höchsten Gipfel des Gerês sehen: Portela de Pitões (1.200 m), Fraga de Brazalite (1.413 m) und Fonte Fria (1.456 m). An einem der höchsten Punkte sind bei guter Sicht weiße Bauwerke zu erahnen – dies sind die alten Grubengebäude der Minas do Carris. ☞ Dort hinauf führt Sie die Tour Nummer 9.

Der Weg ist weiterhin gut rot und gelb markiert und Sie folgen einem alten, gepflasterten Pfad hinunter zu den ⌘ ✞ Ruinen des Klosters Santa Maria das Júnias ❷. Während ein Gebäude neueren Datums recht intakt ist, sind die meisten Steinwände und Bögen verfallen, mit Moos bewachsen und haben einen ganz besonderen Charme. Sie können im Klostergelände nach Lust und Laune herumspazieren, seien Sie unterhalb der instabilen Gebäudereste jedoch vorsichtig, denn hier herrscht Einsturzgefahr.

Die Daten und Fakten um die Entstehung des Klosters sind weiterhin unklar. Während einige Quellen auf einen Erstbau im 9. Jahrhundert hinweisen, ist es wahrscheinlicher, dass die Kirche im romanischen Stil im Jahr 1147 eröffnet wurde. Diese Zahl findet sich, im damals verwendeten Datumsformat M^{a} C^{a} 2 XXXV^{a}, auf der Außenwand der nördlichen Seite des Kirchenschiffes. Das Klostergebäude wurde wahrscheinlich später erbaut, da seine Architektur bereits gotisch inspiriert war und daher auf das 13. Jahrhundert zu datieren ist. Im gleichen Jahrhundert ging das Kloster vom Benediktiner- zum Zisterzienserorden über.

In den folgenden Jahrhunderten wurden am Bau immer wieder Veränderungen vorgenommen und verschiedene Krisen führten zeitweise sogar

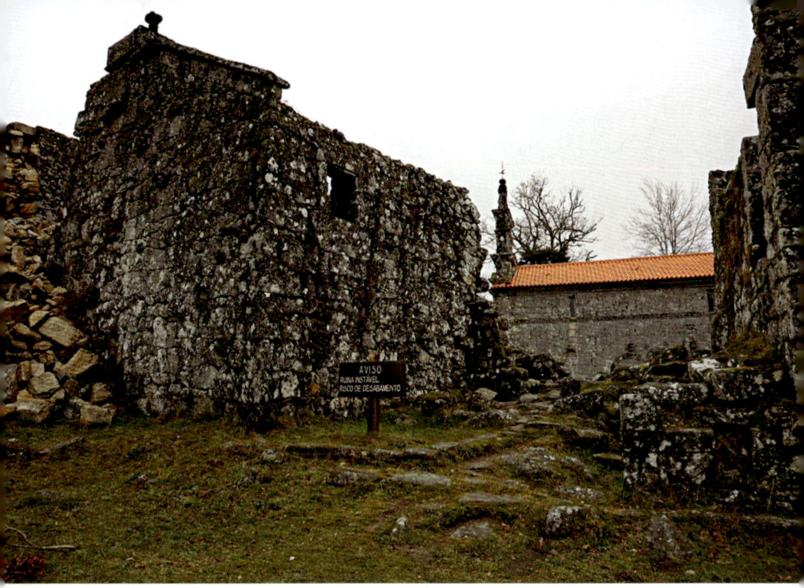

Die Ruinen des Klosters Santa Maria das Júnias

zur Niederlegung des Konvents. Im Jahre 1834 wurde das Kloster endgültig stillgelegt, vor allem aufgrund seiner Abgelegenheit und ökonomischer Schwierigkeiten. Die Kirche wurde von den Bewohnern des Dorfes Pitões das Júnias jedoch weiterhin genutzt. Wie an den verfallenen Gebäuden zu sehen ist, wurde bislang noch keine Instandhaltung oder Renovierung dieses historisch wertvollen Komplexes in Angriff genommen.

Rund um das Kloster herum gibt es mehrere Pfade sowie eine Brücke hinter den Ruinen, die über den Fluss Ribeiro de Campesinho führt. Um Ihrem Wanderweg jedoch weiter zu folgen, verlassen Sie die Ruinen wieder dort, wo Sie hineingekommen sind. Sie folgen dem markierten Steinpfad, der von hier zunächst recht steil ansteigt. Nach einer Weile geht der steinige Weg wieder etwas bergab und folgt nun einem Aquädukt, einer Levada (diese sind vor allem auf der Insel Madeira verbreitet). Diese führt Wasser für die Verwendung in der Landwirtschaft und wird auch in der Gegenwart noch von den Bewohnern des Dorfes Pitões das Júnias verwendet. Diese kommunale Wasserversorgung aus gesammeltem Regen und Grundwasser nennt sich *rego do povo*, Bewässerung des Volkes.

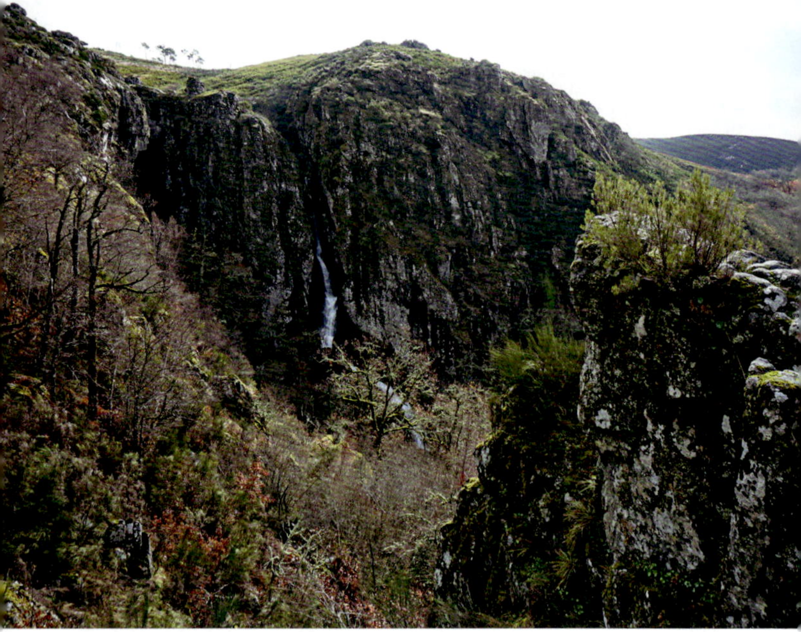

Blick auf den Wasserfall von Pitões

Sie gehen entlang der Levada, bis Sie an einer Kreuzung zu den Holztreppen kommen, die hinunter zum Aussichtspunkt über den Wasserfall führen ❸. Dieser schöne, hölzerne Steig wurde im Jahr 2007 erbaut und ein großer Hinkelstein mit einer eingelassenen Gedenktafel erinnert daran. Die Treppe führt Sie an den Ruinen eines verfallenen Heuschuppens vorbei und schließlich kommt der Wasserfall von Pitões in Sicht.

Auf der Aussichtsplattform gibt es auch Sitzmöglichkeiten und es ist ein schöner Platz für eine Pause und um sich zu sonnen. Von hier aus sehen Sie auch den Eichenhain von Beredo, der im Sommer 2016 leider teilweise einem der zahlreichen Waldbrände zu Opfer gefallen ist. Im Wald findet sich vor allem die Pyrenäeneiche, die gut an das Klima und die Höhe angepasst ist.

Wenn Sie die Aussicht auf den Wasserfall zur Genüge genossen haben, kehren Sie auf dem gleichen Wege wieder zur Kreuzung am oberen Ende der Holztreppe zurück. Hier biegen Sie nach links und folgen den Markierungen in das Dorf Pitões das Júnias. Der Weg ist breit und einfach zu gehen, selbst wenn er langsam ansteigt. Sie kommen an kleinen, alten Steinmauern und Spuren von früheren Waldbränden vorbei.

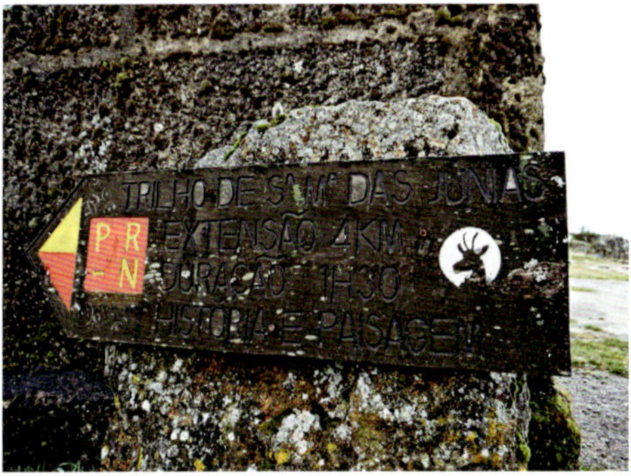

Wegweiser

Nun erreichen Sie bald wieder das Dorf. Um wieder zum Friedhof zu kommen, verlassen Sie das Dorf in südöstlicher Richtung über die Avenida S. Rosendo und biegen dann nach rechts in die Rua Santinho.

☞ Im Dorf können Sie die traditionellen Bauernhäuser des Gerês betrachten. In den schmalen Gassen gibt es kaum Platz für motorisierten Verkehr, denn diese Gebäude wurden lange vor den ersten Autos gebaut. In zahlreichen Häusern gibt es einen Stall für die Schafe, Ziegen und Kühe der Familie.

Inzwischen haben sich auch einige modernisierte Häuser, ✕ Restaurants und ein Gasthaus im Dorf etabliert, der Charme der Vergangenheit ist jedoch noch überall zu spüren. Direkt hinter vielen Häusern finden sich Gemüsegärten mit kleinen Beeten und etwas weiter entfernt liegen Kartoffeläcker, Mais- und Roggenfelder sowie Wiesen für Heu für das Vieh. Wenn Sie an Sakralbauten interessiert sind, empfiehlt sich auch der Besuch der ✞ Kirche Igreja de São Rosendo.

6 Die Megalithen der Hochebene von Castro Laboreiro

Eine Bergwanderung für archäologisch Interessierte

Diese landschaftlich einzigartige Wanderung ist nicht nur für Naturliebhaber attraktiv, sondern bietet zudem auch archäologische und kulturhistorische Monumente. Die Strecke verläuft zum Teil auf markierten, zum Teil auf nicht markierten Wegen und führt Sie über die abgeschiedene Hochebene Castro Laboreiros bis hin zur spanischen Grenze. Die Besonderheit dieser Wanderung sind die Grabhügel und Hinkelsteine, auch Menhire genannt. Entlang des Weges passieren Sie mehrere Ansammlungen von spannenden Überbleibseln aus einer lang vergangenen Zeit und von einer Kultur, über die nur sehr wenig bekannt ist.

Start/Ziel: das Dörfchen Rodeiro, GPS N 42°03.277' W 008°08.366'

13,3 km

4 Std.

238 m/238 m

1.040-1.272 m

die offizielle Markierung des PR Megalitismo do Planalto de Castro Laboreiro: rot-gelbe Striche; teilweise nicht markiert

Vor allem breite Forstwege und einfache Wanderwege. Ein wenig Ausdauer ist bei dieser Wanderung gefragt, jedoch weder Trittsicherheit noch Schwindelfreiheit. Denken Sie daran, dass die Tour nicht im Wald verläuft und Sie der Sonne ausgesetzt sind. Nehmen Sie ausreichend zu trinken mit.

Keine Einkehrmöglichkeiten am Weg. Die beiden nächstgrößeren Orte, in denen Sie Restaurants und Supermärkte finden, sind Castro Laboreiro und Melgaço.

keine

Für kleine Kinder könnte die Wanderung zu lang sein. Alle Kinder, die Hinkelsteine und Entdeckungen spannend finden, werden auf dieser Wanderung jedoch auf ihre Kosten kommen.

Eine schöne Tour auch für Hunde, lediglich an Wasser mangelt es.

Es ist möglich, am Startpunkt in Rodeiro zu parken.

Das Unternehmen Montes de Laboreiro bietet rund um Castro Laboreiro verschiedene Aktivitäten wie Canyoning und Klettern an, www.montesdelaboreiro.pt.

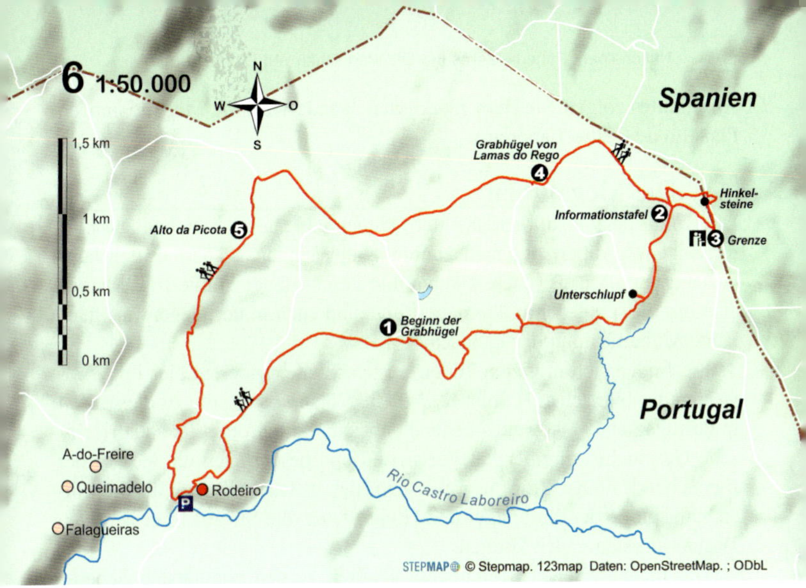

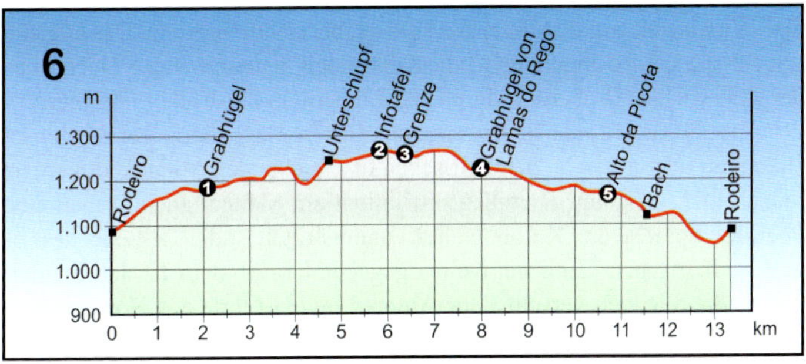

Von dem winzigen Dörfchen Rodeiro gehen Sie zunächst nach Nordosten und lassen schon bald die Gebäude hinter sich. Die Straße wird zu einer breiten Schotterpiste und setzt nach Norden hin fort. Nach 500 m kommen Sie an eine Weggabelung mit drei verschiedenen Pisten, wovon Sie die rechte wählen.

Nach weiteren 500 m teilt sich der Weg erneut. Nun halten Sie sich links, 100 m danach wieder rechts und folgen dann der Piste einen weiteren Kilometer über die unbewohnte Hochebene. Bis zum Ende dieses

Abschnittes folgen Sie dem markierten Wanderweg PR Megalitismo do Planalto de Castro Laboreiro.

⌘ Die Megalithen

Die Kultur der Megalithen, aus der Dolmen und andere Steinbauten bis in die Gegenwart überlebt haben, stammt hauptsächlich aus dem dritten Jahrtausend vor Christus. Diese Bauten und geschliffenen Hinkelsteine haben also um die 5.000 Jahre überdauert und sind auch in der Gegenwart markante Monumente in der Landschaft.

Sie finden sich in vielen Teilen Europas, unter anderem hier im Nordwesten der Iberischen Halbinsel. Wer die Völker waren, die zu dieser Zeit in Portugal lebten, ist weitestgehend unbekannt. Erst römische und griechische Geschichtsschreiber kategorisierten und beschrieben die Völker der Iberischen Halbinsel, dies war aber natürlich bedeutend später als die Entstehungsphase der Grabhügel und Hinkelsteine, die Sie auf Ihrer heutigen Wanderung betrachten können.

Die megalithischen Monumente gehören zu den populärsten Sehenswürdigkeiten der Region und es ist nicht selten, dass die zahlreichen Menhire, Hinkelsteine und Dolmen als keltisch bezeichnet werden. Das Gleiche gilt für die Castro-Siedlungen; dies sind noch heute erhaltene Dörfer aus der Zeit vor der Eroberung durch die Römer. Ob die Völker, die hier vor der Ankunft der Römer lebten, ursprünglich von der Iberischen Halbinsel stammten oder aber von den Britischen Inseln über den Atlantik kamen, ist jedoch nicht bekannt. Dies liegt vor allem am Mangel an Informationen über ihre Sprache und Kultur. Nahezu unumstritten ist die Tatsache, dass es auf der Iberischen Halbinsel Kelten gegeben hat. Ab dem 19. Jahrhundert gab es dann jedoch verschiedene Autoren und Gelehrte aus Nordportugal und der angrenzenden spanischen Region Galicien, die die Theorie verteidigten, dass die Bevölkerung des Nordwestens der Iberischen Halbinsel einen reinen keltischen Ursprung habe.

Der Hintergrund dieser Überzeugung war der Wunsch der Zugehörigkeit zu einer anderen „Rasse". Anstatt sich mit den südeuropäischen Völkern zu identifizieren, die über eine lange Periode von den Mauren besetzt waren und sich mit diesen vermischt hatten, wollten sie sich als nordische, „edle" Kelten definieren. Es bestand der Wunsch nach einer Identifikationsfigur außerhalb des eigenen Landes. Diese Bestrebung ging von der mangelnden Relevanz, der geografischen Abgelegenheit und relativen Armut aus. Die

Ideologien, die auf einer keltischen Vergangenheit beruhten, hatten ihren Höhepunkt in der Mitte des 19. Jahrhunderts bis hin zum Zweiten Weltkrieg und schwächten sich danach logischerweise ab, als die Legitimität von Rassentheorien rapide sank.

Bei dem ersten Grabhügel des Alto da Mansão do Guerreiro ❶ weichen Sie dann in östlicher Richtung von dem markierten Weg ab und folgen einem schmaleren Pfad nach rechts, der Sie an allen Grabhügeln vorbeiführt.

☺ Da es hier, wie in den meisten Bergregionen Portugals, eine Vielzahl von verschiedenen Trampelpfaden und Wegen gibt, empfiehlt es sich den von mir zur Verfügung gestellten GPS-Track zu verwenden. Haben Sie kein GPS-Gerät oder Smartphone dabei, ↳ können Sie stattdessen auch weiter dem markierten Wanderweg folgen.

Nach dem zweiten Grabhügel folgen Sie dem Weg 400 m in südöstlicher Richtung und dann 300 m in nordöstlicher Richtung, bis Sie zu den Megalithen drei, vier und fünf dieser Sammlung kommen. Nach weiteren 100 m gen Nordosten kommen Sie erneut auf einen etwas breiteren Pfad, von dem nach 500 m ein kleiner Abstecher nach Norden zum Grab Nummer sechs führt.

Einige der Monumente sind flache Erdhügel, während andere aus einer Ansammlung von hellen Steinplatten bestehen. In der sanft hügeligen und heidebewachsenen Landschaft sind viele von ihnen schon aus einiger Entfernung zu sehen.

Von Grab sechs kehren Sie die 100 m zum Weg zurück und gehen von hier aus 200 m nach Osten, wo Monument Nummer sieben steht.

Nachdem Sie die Gruppe von Gräbern passiert haben, wandern Sie weitere 300 m in östliche Richtung und überqueren einen kleinen Wasserlauf namens Corga do Vale das Antas. 500 m hinter dem Flüsschen, erneut Richtung Nordosten, stoßen Sie erneut auf einen breiten Forstweg, dem Sie rechts nach Norden folgen.

☺ Wenn Sie den Forstweg erreichen, können Sie hier links vom Weg eine Felsformation entdecken, die bei Hitze oder schlechtem Wetter als Schutz gegen die Elemente dienen kann.

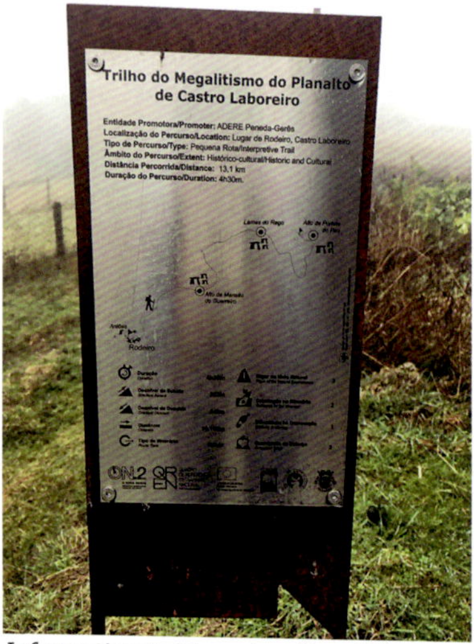

Informationstafel zu den Megalithen

Schon nach 700 m kommen Sie zu einer Informationstafel an der Erhebung Outeiro do Ferro ❷, wo Sie nun wieder an eine Markierung stoßen; dies ist der offizielle Endpunkt des markierten Wanderweges. Von hier aus können Sie sich direkt auf den Rückweg machen oder eine kleine Runde zu verschiedenen archäologischen ⌘ Monumenten machen.

Dazu gehen Sie 100 m nach Norden und kommen am ersten Grabhügel des Alto da Portela do Pau vorbei. Dieser ist der spannendste und am besten erhaltene entlang der gesamten Wanderung – es ist eine Höhle mit Hinkelsteinen in den Grabhügel hineingebaut!

Nun geht es 200 m nach Osten. Sie kreuzen die ⚒ Grenze zu Spanien und kommen zu dem größten Hügelgrab, Mota Grande genannt, und kurz darauf zu einem Hinkelstein. Die Grenze verläuft über den Gipfel Pau (⇧ 1.268 m) und hier finden Sie einen großen Sockel aus Stein, der ein trigonometrischer Punkt für die Landvermessung ist. Dieser ist von Weitem sichtbar und liegt 200 m südlich des Hinkelsteins. Nun gehen Sie 400 m nach Nordwesten und überqueren erneut die ⚒ Grenze ❸. Wieder auf der portugiesischen Seite kommen Sie erneut zur Infotafel am Outeiro do Ferro.

Von hier aus wählen Sie nicht die Piste, auf der Sie gekommen sind, sondern den Forstweg, der nach Nordwesten zeigt. Sie kommen nach 200 m, dann nach weiteren 200 m und dann nach 100 m an je einem weiteren Steinmonument aus der Vorzeit vorbei. 200 m weiter schwingt der Weg nach Südwesten. Insgesamt 8 km nach dem Beginn Ihrer Wanderung stoßen Sie erneut auf den markierten Wanderweg und kommen an dieser Stelle auch zu den Grabhügeln von Lamas do Rego ❹. Sie folgen dem markierten Weg. Ungefähr 1 km weiter südwestlich passieren Sie auf dem

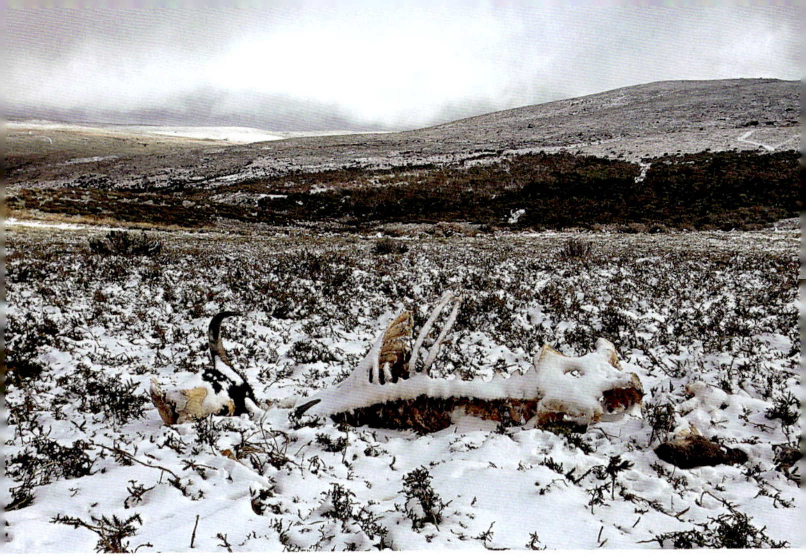

Ein anderes Bild von Portugal auf der Hochebene © Paulo de Sousa

Wanderweg schließlich die vierte und damit letzte Ansammlung von Grabhügeln auf Ihrer heutigen Wanderung. Diese werden Mamoas do Alto do Buscal genannt.

Nach insgesamt 9,4 km gibt es nun zwei Wahlmöglichkeiten: Wenn Sie hier nach links abbiegen, kommen Sie wieder zum Alto da Mansão do Guerreiro zurück und können von hier auf dem gleichen Weg, auf dem Sie gekommen sind, zum Ausgangspunkt der Wanderung zurückkehren. Die andere Alternative ist, die Wanderung noch etwas zu verlängern. Zunächst folgen Sie der breitesten Schotterpiste 1,1 km in westliche und dann nordwestliche Richtung. An einer Kreuzung biegen Sie dann nach Süden und kommen nach 400 m zum Alto da Picota ❺.

Von dort führt der Wanderweg weiterhin in derselben Richtung stetig bergab und kommt in ein bewaldetes Tal, wo es auch einige kleine Bergweiden gibt. 500 m hinter dem Alto da Picota verlassen Sie den Forstweg und folgen einem schmaleren Pfad in südlicher Richtung bis hin zum Bach Corga da Conda, den Sie überqueren.

Weiter geht es auf einem Forstweg nach Süden. Nach 300 m kommen Sie zu einer Wegscheide und folgen dem Pfad auf der östlichen Seite der mit Steinen begrenzten Weide nach wie vor in Richtung Süden. Nachdem

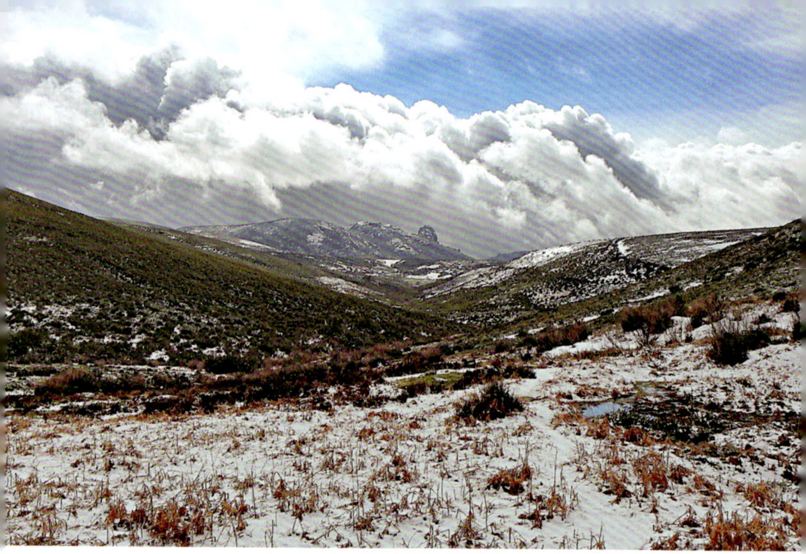

Aussicht über die Bergwelt von Castro Laboreiro © Paulo de Sousa

Sie am Hof vorbeigekommen sind, biegen Sie nach Südwesten ab und folgen dem Verlauf des Weges für 400 m, bis Sie schließlich in das Dorf Antões kommen. Von hier können Sie noch einen kurzen Abstecher zu der alten Steinbrücke Ponte do Rodeiro machen, die über den Fluss Rio Laboreiro führt.

Dafür biegen Sie bei den letzten Häusern nach links und kreuzen die Landstraße südöstlich des Dörfchens. Folgen Sie dann einem mit Steinmauern gesäumten Weg nach Süden. Nach 200 m treffen Sie auf eine breitere Schotterpiste, die Sie die letzten 100 m nach Südosten zur steinernen Brücke Ponte do Rodeiro führt. Die recht gut erhaltene Bodenbrücke stammt aus dem Mittelalter, es ist jedoch anzunehmen, dass schon zur Zeit der römischen Belagerung hier eine Brücke stand.

Vom Fluss gehen Sie 100 m zurück und biegen dann nach rechts. Auf den letzten Metern steigt der Weg noch einmal an und führt Sie zurück zum Startpunkt im Dorf.

7 Die sieben Lagunen des Gerês

Eine Wanderung für Familien und Wasserratten

An einem warmen Sommertag eignet sich diese Wanderung perfekt, da das Ziel die sieben glasklaren, türkisfarbenen Lagunen im Fluss Cávado sind. Obwohl kein markierter Wanderweg zu diesem Ausflugsziel führt, sind die Lagunen den ganzen Sommer über doch gut besucht, vor allem von der Lokalbevölkerung. Es bietet sich also an, Badetücher und Schwimmbekleidung mitzunehmen! Der Rundweg führt Sie zunächst auf einem leicht zu folgenden Forstweg durch die felsige Landschaft des Gerês. Die eigentliche Attraktion dieser Wanderung sind aber natürlich die Lagunen! Auf dem Rückweg folgen Sie einem schmaleren Wanderweg entlang einer Levada, einem Bewässerungskanal, der mittlerweile aber unterirdisch verläuft.

Start/Ziel: im Dorf Xertelo, GPS N 41°44.108' W 008°00.715'

9,9 km

3 Std.

563 m/563 m

721-925 m

Die Route ist nicht offiziell markiert, aber die Lagunen sind nicht schwierig zu finden. Im Zweifelsfall ist es zu empfehlen, den bereitgestellten GPS-Track zu verwenden.

Breiter Forstweg und schmalere, sandige Wanderwege. Weder Trittsicherheit noch Schwindelfreiheit sind notwendig, an einem heißen Tag ist etwas Ausdauer von Nöten. Auf dem Weg gibt es keinen Schatten.

Keine Einkehrmöglichkeiten am Weg. Denken Sie an genug Proviant für ein schönes Picknick. Am Ufer des Flusses Cávado liegt abseits des Weges das Restaurant Ponte Nova, das Sie mit dem Autor erreichen können. Hier erwarten Sie deftiges Essen und günstige Preise.

keine

Lagunen (km 5,2)

Die Lagunen sind natürlich ein Highlight für Kinder und ein attraktives Ziel der Wanderung. Besonders für Kinder sollte auf ausreichend Sonnenschutz geachtet werden, denn weder auf dem Weg noch an den Lagunen gibt es Schatten.

Die Tour ist für Hunde gut geeignet. Sie ist relativ kurz und einfach und Ihre Hunde können an den Lagunen trinken und darin schwimmen.

P kostenlose Parkmöglichkeit am Start/ Ziel

☺ Cabril Eco Rural bietet geführte Wanderungen an (Cabril Eco Rural, Abrigo da Garrana, ☏ +351 968 06 53 45, 💻 www.cabrilecorural.com, ✉ ecoruralcabril@gmail.com).

☺ Wenn Sie Stille und Einsamkeit genießen möchten, vermeiden Sie den Besuch der Lagunen an den Wochenenden im Juli und August. Verglichen zu den Stränden an der Küste ist es im Gerês aber auch an diesen Tagen wirklich ruhig und beschaulich. Zwischen einigen Lagunen gibt es Wasserfälle und es ist sehr beliebt, bei der obersten Lagune zu beginnen und von einer zur nächsten zu springen.

Es gibt zwei Wege vom Dorf Xertelo zu den Lagunen: einen schmalen Wanderweg und eine unbefestigte Straße, über die Sie das Ausflugsziel auch mit einem Geländefahrzeug erreichen können. Dieser Wanderführer stellt eine Rundwanderung vor, es ist aber natürlich ebenfalls möglich, den Hin- und Rückweg auf der gleichen Strecke zu gehen.

Der Weg beginnt am südlichen Rand des verschlafenen Dorfes Xertelo, von wo sich ein sandiger Pfad zwischen den Häusern nach Norden hinausschlängelt. Sie gewinnen langsam an Höhe und treffen nach 700 m auf eine Sandpiste. Biegen Sie hier nach rechts ab und folgen Sie der Piste für 2,2 km. Sie kommen an mehreren kleineren Abzweigungen zu beiden Seiten vorbei, die Sie aber außer Acht lassen, und gehen geradeaus weiter. An der Weggabelung mit einer ebenso breiten Schotterpiste biegen Sie dann schließlich scharf nach links ab ❶.

Sie folgen dem Weg 1,1 km, bis auf Ihrer linken Seite ein Pfad abgeht ❷. Diesem folgen Sie auf dem Weg zu den Lagunen nicht – Sie nehmen diesen Weg erst auf später, wenn Sie von der Lagune zurückkehren. Kurz danach überqueren Sie auf einer kleinen Brücke das Flüsschen Ribeiro do Penedo. Schon aus einiger Entfernung können Sie den Fluss sehen. Viele kleine Pfade führen nun zu den 🏊 natürlichen Schwimmbecken herunter und vom Wasser glatt geschliffene Felsen laden zum Sonnenbaden ein ❸.

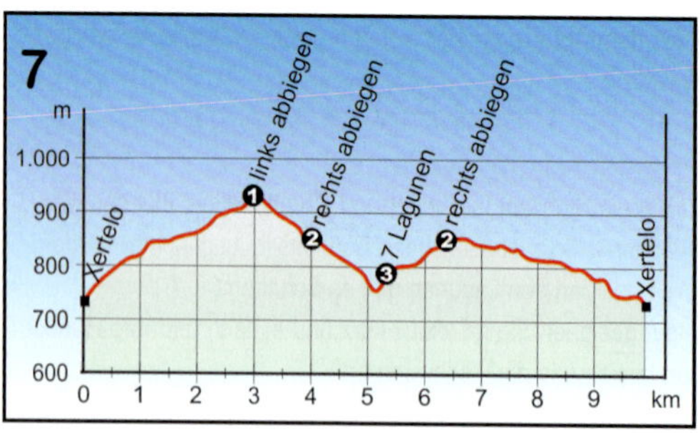

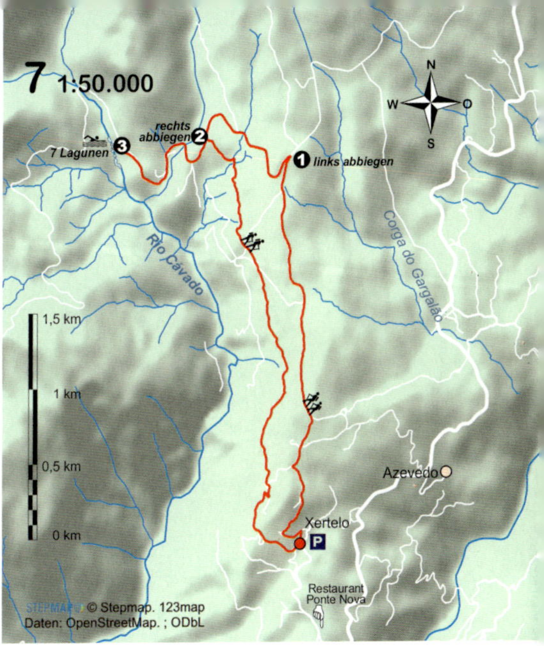

☝ Lassen Sie beim Sprung in die Lagunen Vorsicht walten, denn es ist schwer von draußen einzuschätzen, wie tief diese sind. Ein Kopfsprung in unbekanntes Gewässer ist keine empfehlenswerte Art und Weise, die Wassertiefe auszutesten.

☝ Der Wasserstand im Fluss Rio Cávado – und damit in den Lagunen – ist von der Jahreszeit abhängig. Nach einem langen, trockenen Sommer kann der Fluss eher wie ein Flüsschen wirken, aber genug Wasser zum Baden gibt es zu jeder Zeit. Im Winter ist das Baden jedoch nicht zu empfehlen; das Wasser ist zu kalt und die Strömung zu stark.

☝ Der Auf- und Abstieg zwischen den Lagunen und der Schotterpiste ist unbefestigt und nicht gesichert. Wie so oft in Portugal werden beliebte Ausflugsziele sich selbst überlassen und es gibt weder Treppen und Geländer noch offizielle Schilder und Regeln. Dies hat seinen ganz eigenen Charme, doch Sie sollten auf potenzielle Gefahren achten.

Für den Rückweg besteht natürlich die Möglichkeit, genau die gleiche Route wie auf dem Hinweg zu nehmen. Es gibt allerdings auch eine Alternative, die mit wundervollen Blicken auf den Fluss punktet und auf der sogar noch einige Höhenmeter eingespart werden können.

Beginnen Sie zunächst auf der gleichen Sandpiste, auf der Sie gekommen sind. Nach 1 km überqueren Sie wieder die kleine Brücke über das Flüsschen Ribeiro do Penedo, ca. 200 m danach, wenn die Piste wieder auf

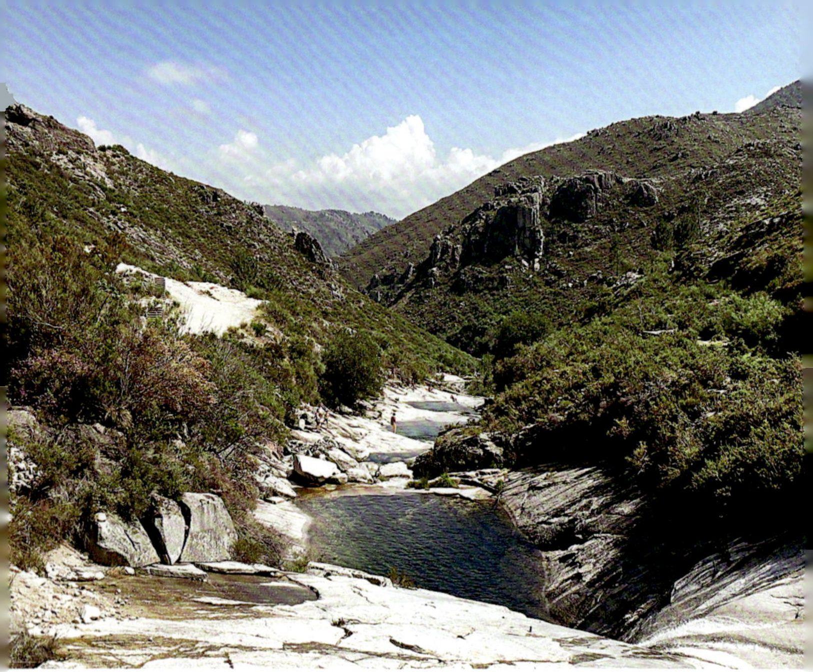

Die Lagunen im Sommer © Paulo de Sousa

einer Geraden verläuft, geht rechts ein Pfad ab ❷. Diesem folgen Sie. Der Weg schlängelt sich an imposanten Felsformationen aus Granit entlang. Das Tal, in dem der Rio Cávado verläuft, ist auf der rechten Seite weiterhin zu sehen. Besonders bei Sonnenuntergang werden das Tal und die Felsen, an denen sich die Sonne reflektiert, in ein magisches Licht getaucht.

Im Streckenverlauf gibt es mehrere Querverbindungen nach links, die Sie zur Piste, die Sie auf dem Hinweg gegangen sind, führen würden. Setzen Sie Ihre Wanderung jedoch weiter geradeaus fort. Auch den breiteren Weg, auf den Sie nach 1 km treffen und der zum Fluss herunterführt, lassen Sie außer Acht. Der Wanderweg, auf dem Sie sich befinden, endet schließlich wieder im Dorf Xertelo, wo Sie Ihre Wanderung begonnen haben.

8 Sistelo – das Tibet Portugals

Eine lange, anspruchsvolle Bergwanderung für Naturliebhaber

Diese Tour führt Sie von dem Informationszentrum und Campingplatz Mezio in das Herz des Gerês-Gebirges. Sistelo, das Ziel dieser Wanderung, wird aufgrund seiner saftig grünen Terrassenfelder als „das Tibet Portugals" bezeichnet. Entlang der Wanderung überqueren Sie mehrere Bergrücken oberhalb der Baumgrenze und können die fantastische Aussicht über die Gipfel und Täler der Region genießen. Sie passieren unter anderem eine historische Wolfsfalle und zahlreiche malerische Dörfchen.

→ Start: Parkplatz am Informationszentrum Porta do Mezio, GPS N 41°53.080' W 008°18.797'; Ziel: der Ort Sistelo, GPS N 41°58.429' W 008°22.434'

20,6 km

6 Std.

↑ ↓ 944 m/1.273m

⇧ 324-903 m

Markierungen des GR Travessia das Serras da Peneda e do Soajo: ein roter und ein weißer Strich

Asphalt, Forstwege und schmale, steinige Wanderwege. Diese schwere Wanderung erfordert eine gute Kondition und ein wenig Trittsicherheit, jedoch keine Schwindelfreiheit. Denken Sie an Sonnenschutz.

Am Campingplatz in Mezio direkt am Start gibt es eine Bar und ein Restaurant und in Sistelo bietet das Gasthaus Casa do Avô direkt am Ziel der Wanderung Verpflegung an. Denken Sie trotzdem an ausreichend Wasser und Proviant.

keine

Eine so lange und schwierige Tour eignet sich nur für etwas ältere Kinder, die das Wandern in den Bergen gewohnt sind.

Die Tour ist nur für Hunde, denen viele Kilometer nichts ausmachen, geeignet. Sie passieren auf dem Weg einige Bäche, wo Ihr Hund trinken und sich abkühlen kann.

Anfahrt in den Nationalpark ☞ Tour 1. Mit Salvador Transportes kommen Sie dreimal täglich von Braga über Arcos de Valdevez nach Soajo und Mezio, www.salvador-transportes.com. Die Bushaltestelle ist direkt am Startpunkt beim Informationszentrum.

Im Gasthaus am Ziel können Sie sich nach einem Taxi erkundigen. Eine andere Möglichkeit wäre, per Anhalter zu fahren.

P kostenlose Parkmöglichkeit am Start und am Ziel der Wanderung

☺ Bei dieser Tour haben Sie die Möglichkeit, an Ihrem Etappenziel zu übernachten und am nächsten Tag zurückzuwandern.

Das Informationszentrum des Nationalparks in Mezio eignet sich, ebenso wie Sistelo, als Startpunkt der Wanderung, die in beide Richtungen markiert ist. Die hier vorgestellte Wanderung ist Teil eines 80 km langen Rundwanderweges, der durch die Gebirge Serra da Peneda und Serra do Soajo führt, zwei der vier Gebirgszüge, die den Nationalpark ausmachen. Die anderen beiden sind Serra do Gerês und Serra Amarela.

Sie starten diese Wanderung am Parkplatz am Informationszentrum Porta do Mezio, zu dem auch ein Campingplatz mit Restaurant gehört.

Informationszentrum Porta do Mezio und Restaurant auf dem Campingplatz, Arcos de Valdevez, Viana do Castelo, +351 258 51 01 00, portadomezio.pt, portadomezio@ardal.pt, Kontakt können Sie auch über die Facebookseite www.facebook.com/parquedecampismodatravanca oder per E-Mail unter pctravanca@gmail.com aufnehmen, Juli und Aug 9:30-20:00, April-Juni und Sep 9:30-18:00, Okt-März 9:30-17:00. In dem Informationszentrum erhalten Sie Auskunft über die Wanderwege der Region, zudem werden auch Aktivitäten wie geführte Wanderungen, Paintball, Rafting, Kanufahren, Reiten und Mountainbiken angeboten. Speziell für Kinder gibt es hier im Sommer zahlreiche Angebote.

Folgen Sie von Mezio aus den roten und weißen Markierungen, die den GR Travessia das Serras da Peneda e Soajo kennzeichnen. Die Wanderung beginnt recht einfach, leicht bergauf, durch den Wald und über eine schmale Bergstraße. 3 km nach Mezio überqueren Sie zunächst den Bach Rio Ázere und passieren dann die Dörfchen Bouças Donas und Bostelinhos ❶.

Hier können Sie weder einen Supermarkt noch ein Restaurant finden, denn dies sind zwei der wirklich traditionellen Bergdörfer des Gerês, in denen die Zeit stehen geblieben ist. Die Einwohner leben zum Großteil von ihrer eigenen Ernte und ihrem Vieh. Rund um die Dörfer liegen die winzigen, terrassenförmigen Felder, auf denen alles angebaut wird, was man zum Leben braucht.

Nachdem Sie Bostelinhos verlassen haben, kommen Sie langsam auf die Höhe der Baumgrenze und die Aussicht auf die umliegende Landschaft

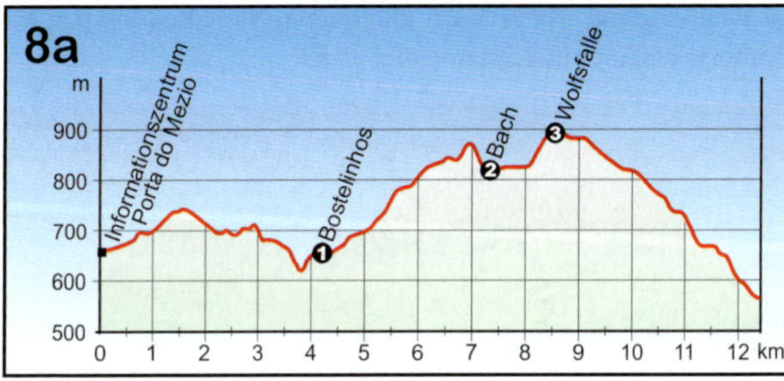
8a
m
900
800
700
600
500
Informationszentrum Porta do Mezio
1 Bostelinhos
2 Bach
3 Wolfsfalle
0 1 2 3 4 5 6 7 8 9 10 11 12 km

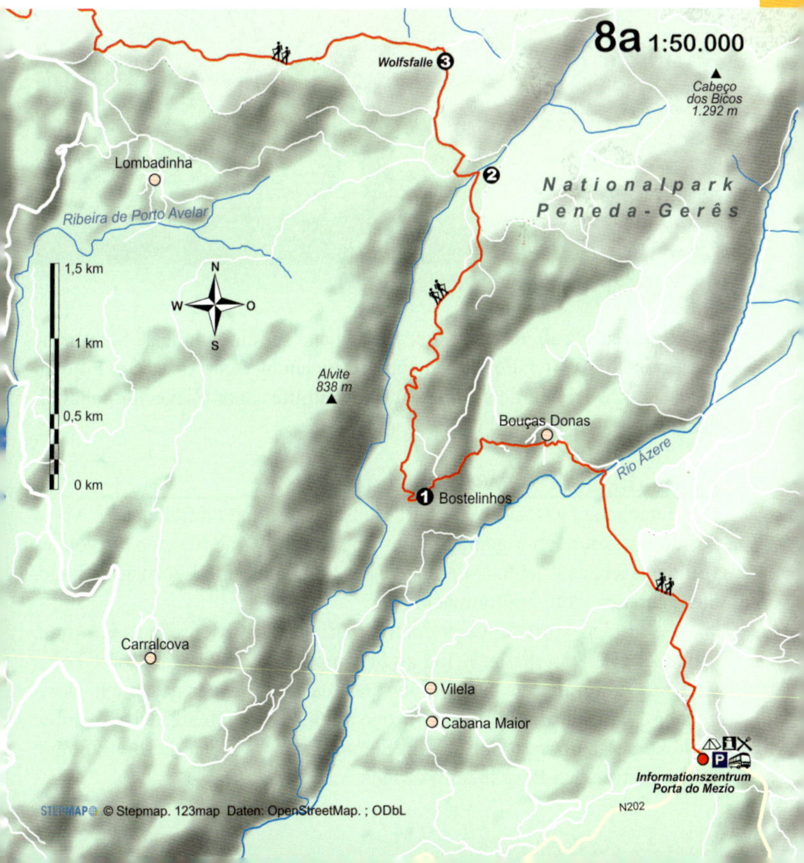
8a 1:50.000
Wolfsfalle 3
Cabeço dos Bicos 1.292 m
Lombadinha
2
Nationalpark Peneda-Gerês
Ribeira de Porto Avelar
1,5 km
1 km
0,5 km
0 km
N
W
O
S
Alvite 838 m
Bouças Donas
Rio Âzere
1 Bostelinhos
Carralcova
Vilela
Cabana Maior
Informationszentrum Porta do Mezio
N202
© Stepmap. 123map Daten: OpenStreetMap. ; ODbL

ist wunderschön. Nach 3 km überqueren Sie einen kleinen Bach, der im Sommer jedoch oft ausgetrocknet ist ❷.

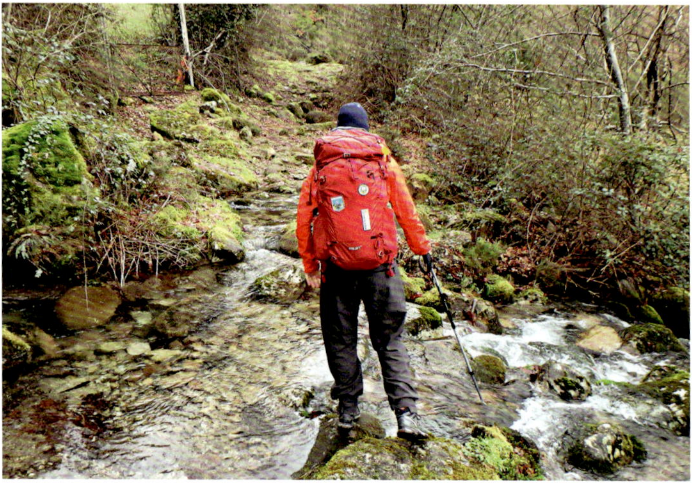

Im Winter kann es nass werden

1 km weiter treffen Sie auf der Hochebene auf eine runde ⌘ Steinmauer, dies ist die Wolfsfalle (allgemeine Bezeichnung *Fojos do Lobo*) Fojo da Cabrita ❸. Hier wurden früher Wölfe mithilfe einer Ziege unschädlich gemacht.

Fojos do Lobo – Wolfsfallen

Die Beziehung zwischen Wolf und Mensch war immer durch unsere Angst vor diesen Raubtieren geprägt. Hier im Gerês, wo die meisten Bewohner von der Viehzucht lebten, waren Ziegen und Kühe ihre Lebensgrundlage, die ihnen der Wolf streitig machte.

Wie an den Wolfsfallen ersichtlich ist, war den Menschen hier keine Mühe zu groß, um diesen Feind zu bekämpfen. Die Steinwände der Fojos sind bis zu 2 m hoch und wurden damals mithilfe der gesamten Dorfgemeinschaft gebaut. Wenn es in der direkten Umgebung der geplanten Falle keine geeigneten Felsen und Steine gab, so wurden diese mit einem Ochsenkarren den Berg hinaufgezogen.

Es gibt zwei verschiedene Typen von Wolfsfallen. Die eine ist die auf diesem Wanderweg anzutreffende, in der eine Ziege als Lockmittel diente und der Wolf eingesperrt wurde, sobald er durch das Loch in der Steinwand in die Falle tappte. Die andere Art der Falle ist ein schmaler werdender Gang mit Steinwänden an beiden Seiten, in den der Wolf damals hineingetrieben wurde. Am Ende des Ganges befindet sich ein tiefes Loch, das mit Laub überdeckt wurde. Durch die Menschen gejagt, lies sich der Wolf in die Enge treiben und fiel schließlich in das Loch, das ihm wahrscheinlich zum Verhängnis wurde.

Schon bevor der Wolf als wertvoller Teil der Natur Portugals angesehen wurde, waren die Fojos nicht mehr in Benutzung. Als Feuerwaffen erhältlich wurden, dienten diese als sehr effektives Mittel gegen die Wölfe und führten im 20. Jahrhundert nahezu zur Ausrottung dieser Spezies auf der Iberischen Halbinsel. Heutzutage werden die Wolfsfallen natürlich nicht mehr genutzt und der Iberische Wolf ist geschützt.

Auf der Höhe der Wolfsfalle haben Sie den höchstgelegenen Punkt der Tour erreicht und von nun an geht es vor allem talwärts. Das Wandern in der offenen Landschaft ist nicht schwierig und der Ausblick ist unglaublich.

Die Kühe am Weg sind neugierig

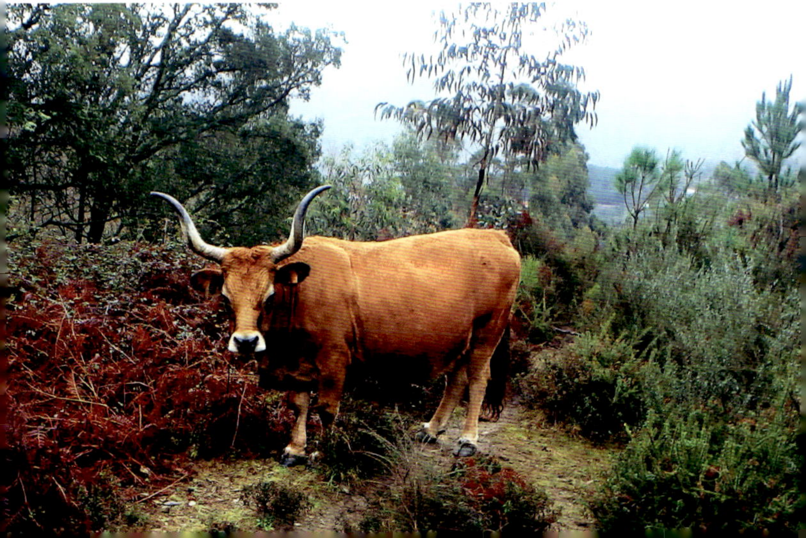

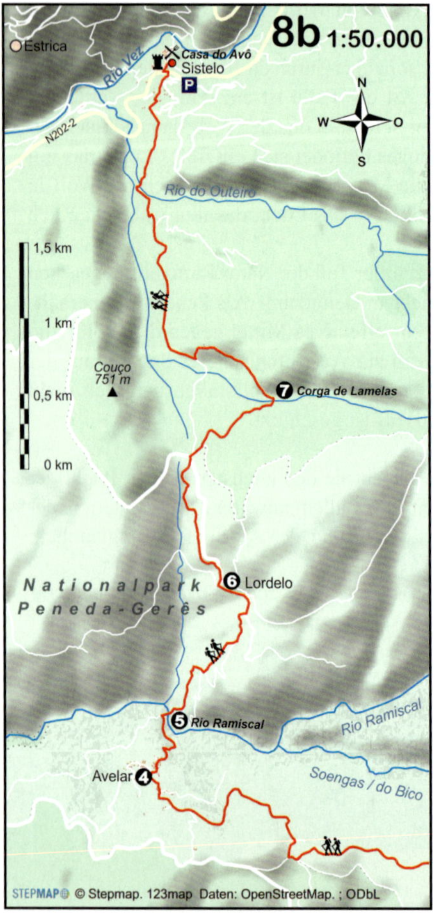

Immer wieder passieren Sie die Spuren von Waldbränden, die hier in vergangenen Jahren die Vegetation zu einem Neustart gezwungen haben. Auf den kommenden 5 km steigen Sie zu dem Dorf Avelar ❹ hinab und überqueren hinter diesem den kleinen Fluss Ramiscal ❺.

Nahe der Brücke, unter den Bäumen, lässt sich gut eine kleine Pause zum Trinken und Abkühlen für die Hunde einlegen.

Nun steigt der Pfad wieder ein wenig an und Sie durchqueren das Dörfchen Lordelo ❻. Von Lordelo aus steigt der Weg weiter an und 2 km hinter dem Dorf überqueren Sie erneut einen Bach ❼, der sich durch den Wald ins Tal schlängelt. Dann steigen Sie schließlich über einen bewaldeten Pfad nach Sistelo hinab, wo Sie am Gasthaus Casa do Avô das Ziel der Wanderung erreicht haben.

✕ Casa do Avô, Rua Viscondes de Sistelo, 4970-645 Arcos de Valdevez,
☏ +351 258 56 32 01 oder +351 968 05 93 83,
www.cantinhodoabade.wixsite.com/cantinhodoabade,
cantinhodoabade@gmail.com, täglich 10:00-22:00

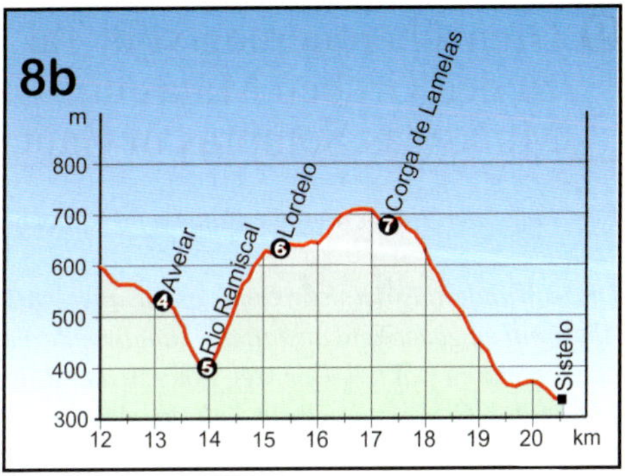

Sistelo ist ein recht kleines Dorf und verfügt über keine Einkaufsmöglichkeiten. Es gibt jedoch mehrere Gasthäuser, in denen Sie übernachten können. Der Reiz von Sistelo liegt ohne Zweifel in seinen alten, mit Moos bewachsenen Steinbauten und den leuchtend grünen Terrassenfeldern rundherum.

♜ Das private Castelo de Sistelo stammt aus dem 19. Jahrhundert und wurde vor wenigen Jahren restauriert. Es wurde von einem Bewohner des Ortes gebaut, der wohlhabend aus Brasilien zurückkehrte und sich selbst ein kleines Schloss bauen wollte.

Vom Ziel dieser Tour haben Sie die Möglichkeit, mit dem Taxi wieder zum Ausgangspunkt zurückzufahren. Alternativ gibt es hier mehrere Übernachtungsmöglichkeiten und die Option, am folgenden Tag nach Mezio zurückzuwandern.

☺ ↳ Eine weitere Möglichkeit ist es, den gesamten Fernwanderweg GR Travessia das Serras da Peneda e do Soajo zu wandern. Von Sistelo aus würde die nächste Etappe Sie zu der Pilgerstätte Santuário da Senhora da Peneda führen, wo es ebenfalls Übernachtungsmöglichkeiten gibt. Die dritte Etappe führt Sie über die Dörfer Tibo und Soajo wieder zurück nach Mezio. Die Etappe von Sistelo nach Peneda ist 26 km lang und beinhaltet rund 1.500 m Steigung. Die Wanderung von Peneda nach Mezio umfasst ganze 34 km und rund 1.300 m Steigung, es ist jedoch möglich, diese Etappe in zwei kürzere zu unterteilen und in Soajo zu übernachten.

Mehr Informationen zu dem sehr anspruchsvollen GR Travessia das Serras da Peneda e do Soajo Wanderweg können Sie im ℹ Infozentrum Porta do Mezio (☞ S. 60) erhalten.

9 Grenzüberquerung vom Tal Vale do Homem zu den Gruben Minas dos Carris und Minas das Sombras in Galicien

Eine lange Bergwanderung für Natur- und Kulturliebhaber

Diese Wanderung ist sehr lang, es ist aber natürlich möglich, nur einen Abschnitt zu gehen und anstatt der Rundwanderung hin und zurück die gleiche Strecke zu wählen. Der Weg führt zu den Ruinen der ehemaligen Grube Minas dos Carris, wo lange Zeit das Mineral Wolfram abgebaut wurde. Nur ein schmaler Pfad aus Kopfsteinpflaster führt von der Landstraße nahe Portela do Homem dort hinauf. Mehr als 800 Höhenmeter sind entlang des Flusses Rio Homem zu überwinden. Die Überreste der Grube liegen heute in dem Teil des Nationalparks, der sich unter vollständigem Schutz befindet: Área de Proteção Total. Von hier aus setzen Sie die Tour über die Grenze hinweg fort. In Galicien steigen Sie recht steil und ohne Pfad zu der Grube des Schattens (Minas das Sombras) hinab und von dort geht es auf einem einfachen und breiten Forstweg wieder bis zur portugiesischen Grenze.

Start/Ziel: an der Grenze zu Galicien, Portela do Homem, GPS N 41°48.502' W 008°07.839'

28,6 km

10 Std.

2.435 m/2.435 m

684-1.486 m

Zunächst folgen Sie dem ehemaligen, kopfsteingepflasterten Zufahrtsweg zu der Grube, danach gibt es zeitweilig Steinmännchen und im spanischen Teil auch Markierungen. Eine Landkarte oder ein GPS-Gerät sind aber auf diesen Abschnitten trotzdem absolut notwendig.

Kopfsteingepflasterter Weg, Forstwege, Gelände ohne Pfad und Asphalt. Schwindelfreiheit ist nicht notwendig, Trittsicherheit und Ausdauer jedoch schon. Denken Sie an Sonnenschutz. Außerhalb der Sommermonate ist die Bedeutung von warmer Kleidung nicht zu unterschätzen.

Keine Einkehrmöglichkeit am Weg. Denken Sie an ausreichend Proviant. Restaurants finden Sie abseits der Tour in den Orten Vila do Gerês, Campo do Gerês oder auch Lobios, auf der spanischen Seite der Grenze.

keine

Aufgrund der Länge der Wanderung ist dies natürlich nicht unbedingt eine Tour für kleinere Kinder. Die Wanderung ist herausfordernd und spannend, jedoch nur für Kinder geeignet, die an lange Tage in den Bergen gewöhnt sind.

Nur bedingt für Hunde geeignet. Die Passage von der spanischen Grenze hinunter zu der Grube Minas das Sombras ist schwierig. Die Wanderung ist allgemein sehr lang und trocken. Der Untergrund ist steinig und später sandig.

kostenlose Parkmöglichkeit am Start/Ziel der Wanderung

Ebenso wie Tour 4 verläuft diese Wanderung abschnittsweise in einem speziellen Schutzgebiet des Nationalparks Gerês. Die Reglementierungen werden in der Praxis kaum durchgesetzt, da dem Land die finanziellen Möglichkeiten und die Organisation fehlen. Der Zutritt ist aber offiziell nur nach Anmeldung oder mit einer geführten Gruppe erlaubt, dies gilt nicht nur für die Grube, sondern das gesamte Gebiet nahe Spaniens. Im Sommer werden geführte Wanderungen zu den Minas dos Carris angeboten. Informationen dazu bekommen Sie am Campingplatz Cedeira und an der Touristeninfo in Campo do Gerês.

Eine Erlaubnis können Sie bekommen, wenn Sie Ihr geplantes Vorhaben an pnpg@icnf.pt senden. Anzahl der Wanderer, Datum, GPS-Track und Ihre Kontaktdaten sollten mit in die E-Mail. Die schriftliche Erlaubnis wird laut der Homepage des Nationalparks per Post gesendet.

Das ganze Jahr über gibt hier auch weitere geführte Touren. Diese lassen sich über www.parquecerdeira.com buchen.

Die Wanderung beginnt nahe dem Grenzübergang Portela do Homem. Hier gibt es zahlreiche Möglichkeiten, das Auto abzustellen. Folgen Sie der Straße für 600 m nach Süden, bis Sie zu einer Brücke kommen, unter der ein türkisfarbener Fluss entlangfließt. Direkt hinter der Brücke beginnt der eigentliche Wanderweg, der hier nach rechts abbiegt ❶.

Von hier an ist die Wegbeschreibung denkbar einfach: Die Strecke verläuft auf dem alten Zufahrtsweg zu der Wolframgrube, ein kopfsteingepflasterter Pfad, der breit genug für einen Karren war. Dieser ehemaligen Transportstrecke folgen Sie ganze 10 km durch das tiefe Tal, das von mächtigen Felswänden umschlossen ist. Das Panorama ist durchgehend atemberaubend, besonders im Morgenlicht oder der Abendsonne. Der Fluss Rio Homem verläuft immer zu Ihrer Linken, bis Sie so viel Höhe gewinnen, dass Sie schließlich den Fluss und auch das Tal hinter sich lassen.

☺ ↳ Die nördliche Seite des Tales trägt den Namen Encosta do Sol, der Sonnenhang. Eine besondere Herausforderung ist es, zwischen den Gipfeln dieser steilen Bergkette entlangzugehen und dabei immer der portugiesisch-spanischen Grenze zu folgen. Diese Tour ist allerdings mit Vorsicht zu genießen, denn sie ist nicht ganz ungefährlich und der richtige Kurs ist gerade beim Abstieg schwer zu finden.

Die hier beschriebene Wanderung ist deutlich leichter als diese „Grenzerfahrung“ und nachdem Sie nun 10 km bergauf gewandert sind, erreichen Sie die Grube Minas dos Carris ❷. Sie können zahlreiche Ruinen von Gebäuden und auch Eingänge zu den Tunneln auskundschaften.

✋ Wie immer gilt: Seien Sie vorsichtig. Die Ruinen können einsturzgefährdet sein. Wenn Sie Kinder dabeihaben, halte Sie diese unter Aufsicht.

⌘ Das Mineral Wolfram wird vor allem in Glühlampen verwendet und die Minerale aus dem hiesigen Bergbau wurden in den frühen 40er-Jahren des 20. Jh. größtenteils von den deutschen Nationalsozialisten genutzt. Nach dem Zweiten Weltkrieg wurde die Nachfrage größer und die Grube erlebte in den 50er-Jahren ihren Höhepunkt. Endgültig geschlossen wurde sie in den 70er-Jahren, als diese Art des Abbaus unwirtschaftlich wurde – dies wird besonders an der Lage der Grube, die schwer zu erreichen ist, deutlich.

Nachdem Sie der Grube einen Besuch abgestattet haben, setzen Sie Ihre Wanderung nach Norden fort und kommen an einem kleinen Staubecken vorbei. Von hier an wird der Weg schmaler und führt weiter durch eine recht flache Heidelandschaft.

☺ ↳ Von hier können Sie einen Abstecher zu dem höchsten Punkt des Gerês machen, dem Pico da Nevosa. Der schneebedeckte Gipfel ist 1.546 m hoch, aber nur im Winter tatsächlich in Schnee gehüllt. Mit dem GPS-Gerät oder der Wanderkarte als Hilfe ist es von der Grenze zu Spanien nur ein kleiner Umweg.

Schließlich kommen Sie zur ⚒ spanischen Grenze ❸, die durch weiße Grenzsteine gekennzeichnet ist. Ab diesem Punkt verläuft sich der Pfad und es geht eine Weile lang einfach weiter querfeldein. Sie nähern sich

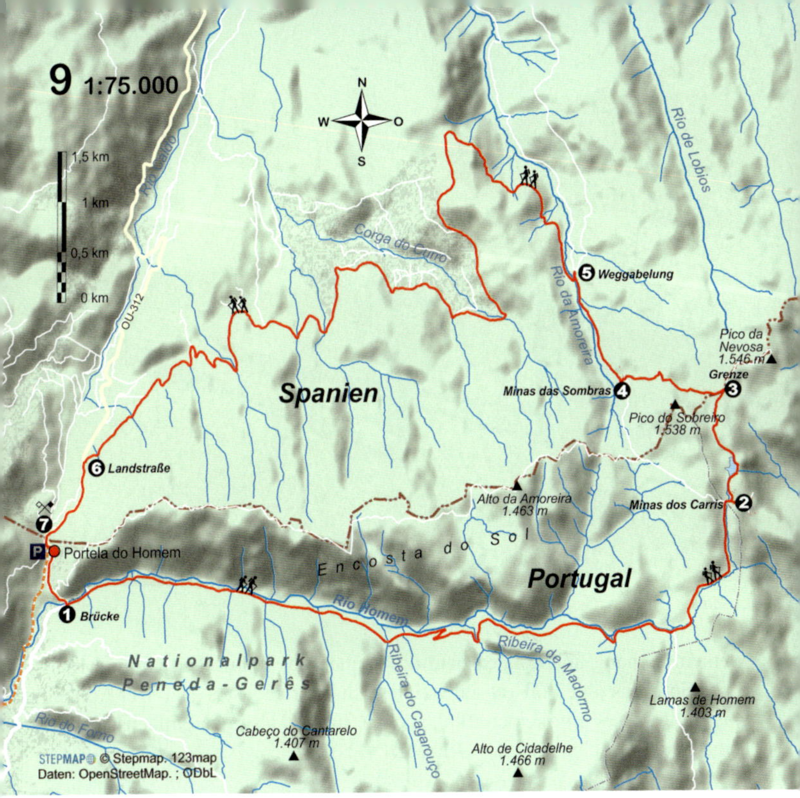
9 1:75.000
1,5 km
1 km
0,5 km
0 km
N
W
O
S
Rio Caldo
OU-312
Corga do Curro
Rio de Lobios
Rio da Amoreira
5 Weggabelung
Pico da Nevosa 1.546 m
Grenze
3
Minas das Sombras 4
Pico do Sobreiro 1.538 m
Spanien
6 Landstraße
Alto da Amoreira 1.463 m
Minas dos Carris 2
7
P
Portela do Homem
Encosta do Sol
Portugal
1 Brücke
Rio Homem
Ribeira de Madormo
Nationalpark Peneda-Gerês
Ribeira do Cagarouço
Lamas de Homem 1.403 m
Rio do Forno
Cabeço do Cantarelo 1.407 m
Alto de Cidadelhe 1.466 m
STEPMAP © Stepmap. 123map
Daten: OpenStreetMap. ; ODbL

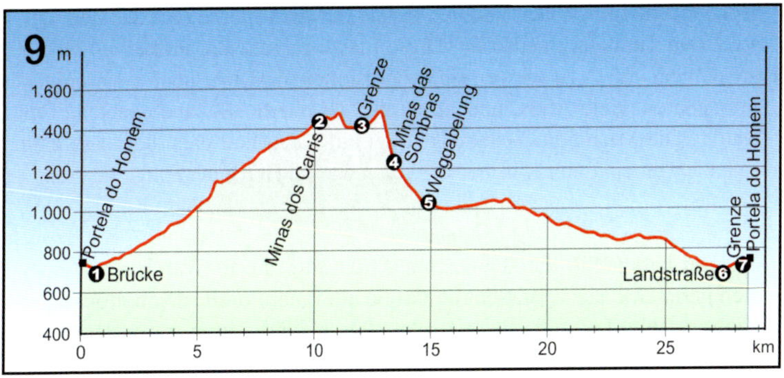
9 m
1.600
1.400
1.200
1.000
800
600
400
0
5
10
15
20
25
km
Portela do Homem
1 Brücke
Minas dos Carris
2
3 Grenze
4
Minas das Sombras
5
Weggabelung
Landstraße 6
7
Grenze
Portela do Homem

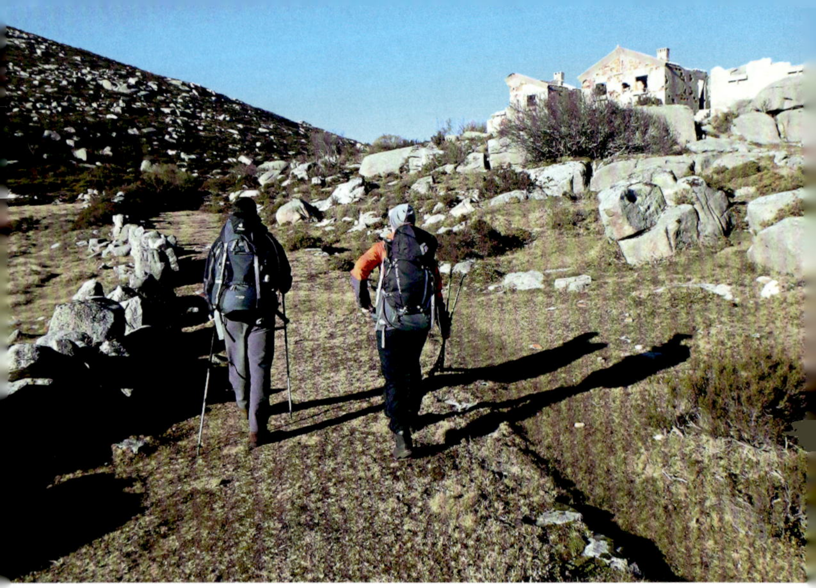

Minas dos Carris

einem Abhang und können bald die Ruinen der spanischen Grube Minas das Sombras unten im Tal sehen. Diese sind Ihr nächstes Ziel. Der Abhang ist steil und es gibt keinen Pfad, suchen Sie sich also den einfachsten Weg durch die Böschung zu der Grube ❹.

⌘ Einmal unten angekommen, können Sie sich auch in dieser verlassenen Grube umschauen und den eiskalten Wind spüren, der aus den verwilderten Tunneln hinausbläst. Diese Plätze fühlen sich immer ein wenig gruselig an und es ist schwer, sich vorzustellen, dass hier noch vor wenigen Jahrzehnten viele Menschen arbeiteten und teilweise auch lebten. Der Name „Die Miene des Schattens“ trägt auf jeden Fall dazu bei, dass man sich hier gut ein unterirdisches Unwesen wie im Herrn der Ringe vorstellen könnte.

Jetzt haben Sie die schwersten Abschnitte dieser Wanderung hinter sich gebracht! Sie verlassen die Grube auf einem breiten Schotterweg in Richtung Norden und gehen 1,4 km flussabwärts, immer mit dem kleinen Strom Río da Amoreira zu Ihrer Linken. Dann macht der Weg einen

Schlenker und teilt sich. Sie biegen nach links ab und überqueren den Fluss ❺.

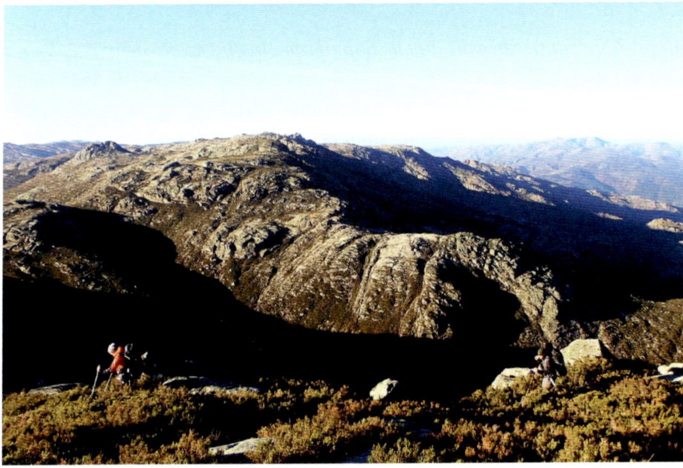

Abstieg in Galicien

Langsam, aber sicher schlängelt sich der Forstweg, dem Sie nun folgen, talwärts und lässt das höhere Gebirge hinter sich, um wieder in den Wald einzutauchen. Abzweige nach rechts ignorieren Sie.

Hier in Spanien ist das Gebiet, in dem Sie sich befinden, kein Nationalpark, sondern ein Naturschutzgebiet mit dem Namen Parque Natural Baixa Limia – Serra do Xurés. Dementsprechend gibt es hier keine Beschränkungen, wo Sie sich aufhalten dürfen. Mehr Informationen zu Veranstaltungen, Wanderwegen und Sehenswürdigkeiten in diesem Naturreservat und den naheliegenden Dörfern finden Sie auf der Homepage 💻 www.turismo.gal (auch auf Englisch verfügbar).

15,4 km nachdem Sie die Grenze zu Spanien überschritten haben, kommen Sie wieder an die Landstraße, die hier OU-312 heißt ❻. Sie folgen dieser 800 m nach Süden und kommen zum ⚒ Grenzübergang ❼. Hier steht ein Gebäude, das darauf hindeutet, dass es hier mal ein Café gegeben hat – dieser Versuch scheint jedoch gescheitert zu sein. Direkt hinter der unbewachten Grenze kommen Sie zum Endpunkt dieser Wanderung.

⑩ Die blaue Lagune des Gerês

Eine Wanderung für Wasserratten und Naturbegeisterte

Diese Tour führt Sie von einem populären Ausflugsziel, dem Wasserfall Cascata do Arado, der natürlich auch einen Besuch wert ist, über einen Forstweg und später auf einem schmaleren Wanderweg zu einer türkisblauen Lagune. Die Wanderung bietet Ausblicke auf das zentrale Massiv des Gerês und die Täler, die südlich des Gebirges liegen. Auf dem Weg passieren Sie mehrere Hirtenhütten, teilweise direkt in den Fels geschlagen. Hier treffen Sie auf Kuh- und Ziegenherden und zudem gibt es mehrere Quellen entlang des Weges. Der letzte Abschnitt der Wanderung führt am Fluss Rio do Conho entlang, in dem Sie schließlich die strahlend türkise Lagune finden, die an warmen Tagen zum Baden einlädt.

Die gleiche Strecke auf dem Hin- und Rückweg zu gehen, ist kein Nachteil: Die Aussicht entlang des Weges ist in beide Richtungen komplett anders.

⇆ Start/Ziel: Parkplatz an der Forststraße nahe dem Wasserfall, GPS N 41°43.173' W 008°07.848'

10 km

3 Std.

↑↓ 416 m/416 m

⇧ 689-833 m

Zunächst folgen Sie der Forststraße, später Steinmännchen. Die Lagune ist unkompliziert zu finden.

Breiter Forstweg und schmaler, steiniger Wanderweg. Für diese Wanderung benötigen Sie keine Schwindelfreiheit, ein wenig Trittfestigkeit und nur ein bisschen Ausdauer. Denken Sie an Sonnenschutz.

Keine Einkehrmöglichkeit am Weg. In der nächsten Ortschaft Vila do Gerês gibt es zahlreiche empfehlenswerte Restaurants.

Picknicktisch am Parkplatz am Start/Ziel, Rastplatz (km 0,7 und km 9,3) und die blaue Lagune ist ein perfekter Platz für ein Picknick. Nehmen Sie also genug Essen und Trinken mit, um dort einige Zeit verweilen zu können.

in der Lagune (km 5)

Für die Allerkleinsten ist es zu empfehlen, den Tag lieber am Wasserfall Cascata do Arado zu verbringen, wo es auch schöne Plätze gibt, um sich im Wasser zu tummeln.

Ansonsten ist die Tour, auch wegen der Tiere und der Schäferhütten, für Kinder interessant und abwechslungsreich.

Für Hunde sehr gut geeignet. Sie passieren auf dem Weg mehrere Quellen, aus denen Ihr Hund trinken und in denen er sich abkühlen kann. Denken Sie daran, den Hund anzuleinen, wenn Sie sich weidendem Vieh nähern.

P Nahe dem Wasserfall Cascata do Arado finden sich zwei Parkplätze entlang der Sandpiste. Der erste (Startpunkt) befindet sich vor dem Fluss Rio Arado und der zweite einige Hundert Meter dahinter. Am Wasserfall Cascata do Arado kann es im Sommer richtig voll werden, dies liegt vor allem daran, dass man vom Auto aus nur wenige Schritte gehen muss.

Die Straße, die vom Dorf Vila do Gerês hier hochführt, ist auf dem letzten Abschnitt nicht asphaltiert und hat jede Menge Schlaglöcher. Zwischenzeitlich kann Zweifel aufkommen, ob die Straße befahrbar ist, aber das ist sie, sogar mit einem kleinen Mietwagen.

☺ Beim Campingplatz in Ermida können Sie Kanus leihen oder eine geführte Wanderung buchen, www.ermidagerescamping.com.

Am Parkplatz gibt es Picknicktische, die im Schatten des Waldes liegen.

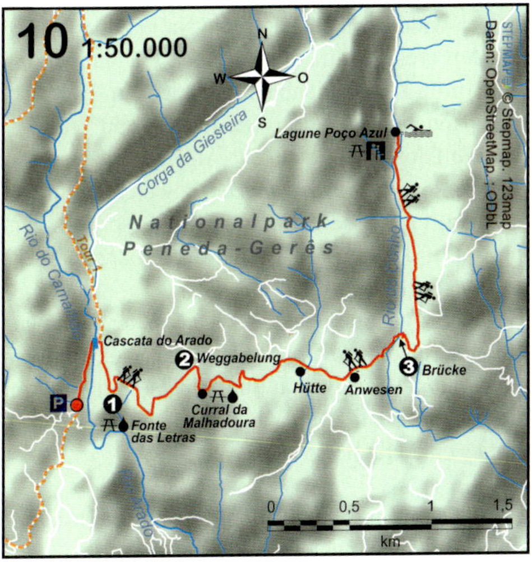

Nachdem Sie das Auto abgestellt haben, folgen Sie der Schotterpiste weiter zu Fuß. Überqueren Sie die Brücke des Flusses Rio Arado und zu Ihrer Linken sehen Sie die Treppen, die zum Aussichtspunkt des Wasserfalls führen. Sie folgen der Straße weiter, nun leicht bergauf, und kommen bald zum zweiten Parkplatz.

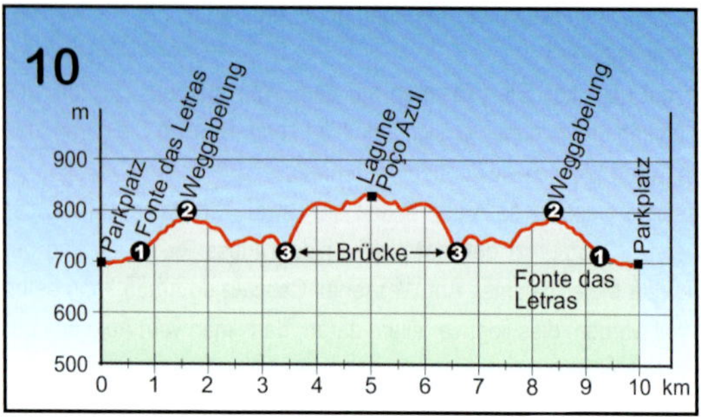

Ⲡ ● Kurz dahinter sehen Sie rechts des Weges eine Quelle mit dem Namen Fonte das Letras und einen Rastplatz ❶.

Ein hölzernes Schild in der Kurve zeigt an, dass die Straße von hier an nicht mehr mit motorisierten Fahrzeugen genutzt werden darf. Nach 1,6 km teilt die Piste sich ❷, Sie halten sich rechts und geht es durch den Wald leicht abwärts.

Der Wald des Peneda-Gerês-Nationalparks bietet eine große Artenvielfalt. Auf dieser Wanderung können Sie unter anderem Eichen, Korkeichen, Kiefern und Kastanienbäume entdecken. Hier tummeln sich auch zahlreiche spannende Tierarten, wie Füchse und Wölfe. Mit etwas Glück können Sie Wolfslosung entdecken. Außerdem gibt es verschiedene Eidechsen, Salamander und Frösche. Die leuchtend grünen Perleidechsen, die sich häufig auf den Felsen sonnen, sind besonders hervorstechend. Hoch oben in der Luft kreisen oft Wanderfalken oder Mäusebussarde.

Ⲡ ● Nur wenige Hundert Meter später kommen Sie zu einem besonders schönen Rastplatz namens Curral da Malhadoura. Der Tisch und die Bänke wurden aus Granit gebaut und liegen unter enormen Felsen, die die Natur hier in Form von zwei Wänden und einem Dach aufgetürmt hat. Auch hier gibt es eine Quelle.

● Schon kurz hinter dem Rastplatz passieren Sie bereits eine weitere hübsche Quelle, aus der ein Baum wächst.

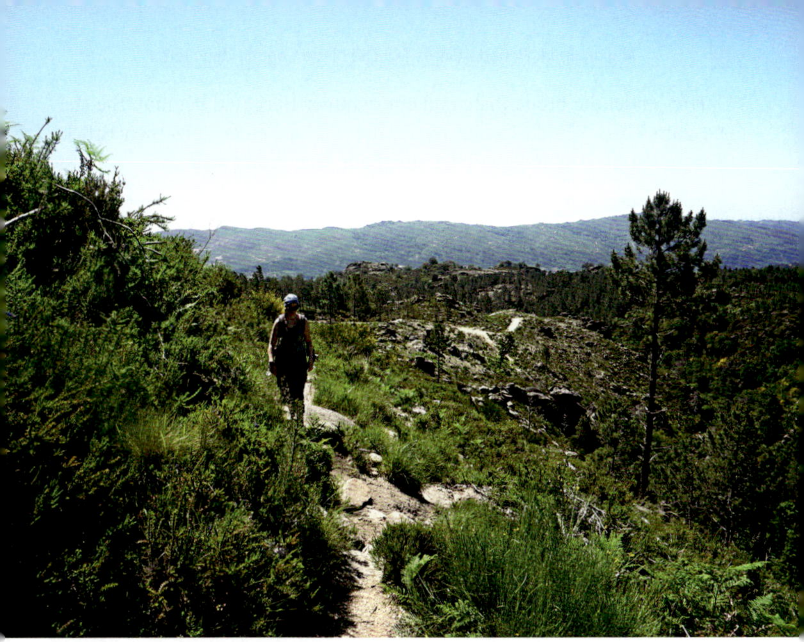

Pfad zur Lagune

Sie folgen der Schotterpiste weiter talwärts, bis Sie zu einer Weggabelung kommen. Hier schlagen Sie nach rechts ein. Sie kommen an einer runden Weide vorbei, die mit einer Mauer begrenzt ist. Auf der anderen Seite des Weges liegt eine Schäferhütte namens Curral dos Portos.

☞ An den Quellen und Rastplätzen zeigen hölzerne Schilder neben den Namen der Plätze auch den Wanderweg PR 14 an. Dieser überschneidet sich teilweise mit der Wanderung zu der Lagune Poço Azul, hat ab hier jedoch einen anderen Verlauf.

Hinter Curral dos Portos gehen Sie weiter geradeaus. Sie kommen an eine Weggabelung mit einem großen Stein, in dem das Wort „Tribela“ eingraviert ist. Das ist der Name des Anwesens, das sich hier befindet. Es erscheint überraschend, dass es hier ein richtiges Wohnhaus mit einem gepflegten Garten und einem Pool gibt. Sie gehen am Grundstück entlang, den Gartenzaun zu Ihrer Rechten.

Hier endet die breite Piste und ein richtiger Bergpfad beginnt. Sie steigen zum Fluss Rio do Conho hinab, den Sie auf einer hölzernen Brücke überqueren ❸. Am anderen Ufer steigt der Weg direkt steil an.

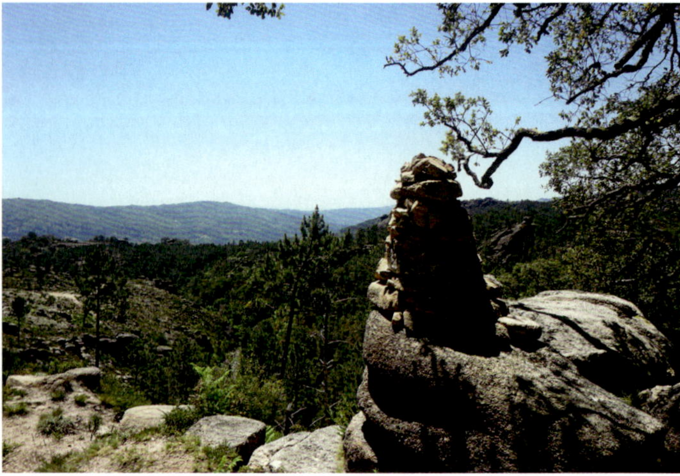

Wegmarkierung

Ab diesem Punkt können Sie den aufgetürmten Steinmännchen leicht folgen. Die Markierungen führen nach Norden in ein schmales, tiefes Tal hinein. Der Rio do Conho liegt stets zu Ihrer Linken.

Der Pfad schlängelt sich durch den Wald und immer tiefer ins Tal und kommt schließlich zum Fluss hinunter. Hier ist das Wasser bereits klar und lädt zum Baden ein, dies ist jedoch noch nicht die blaue Lagune. Überqueren Sie den Fluss, was von Stein zu Stein trockenen Fußes möglich ist, und folgen Sie dem Pfad nun ein letztes Stück flussaufwärts. Sie kommen an den Ruinen einer alten Hütte vorbei und steigen dann steil nach rechts zum Fluss hinab. Hier liegt die blaue Lagune! Ein Wasserfall plätschert in das kristallklare Wasser und ein Felsen bietet Schatten.

Es ist möglich, von den Felsen neben dem Wasserfall in die Lagune zu springen. Machen Sie sich zuvor aber mit dem Gewässer bekannt und stellen Sie sicher, dass das Wasser tief genug ist.

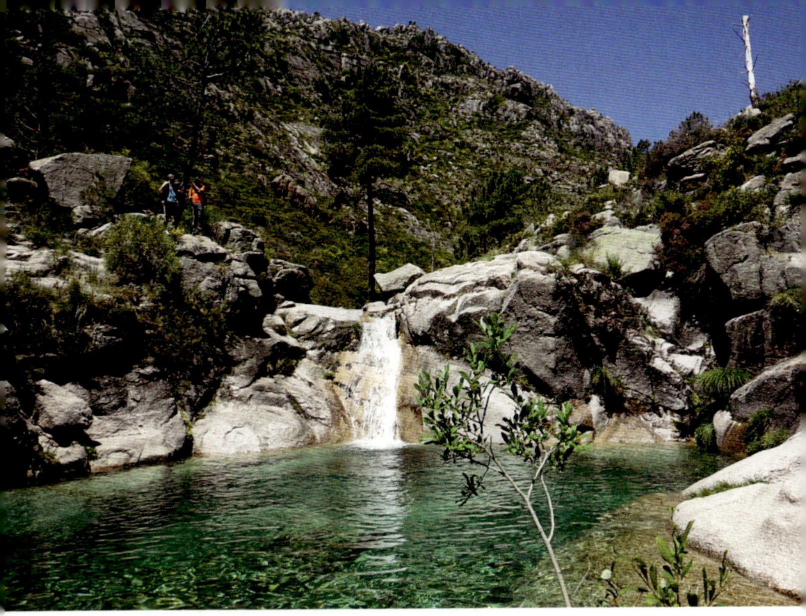

Die Lagune Poço Azul

☺ Die Lagune Poço Azul ist ein perfekter Platz für ein Picknick. Es gibt keine Mülltonnen, denken Sie also daran, Ihren Abfall wieder mitzunehmen. Wer die Kraft hat, die vollen Verpackungen heraufzutragen, sollte kein Problem damit haben, die leeren Verpackungen wieder ins Tal zu bringen.

Der Rückweg ist identisch mit dem Hinweg, aber schneller und weniger anstrengend, da es zumeist bergab geht.

Serra da Freita und Zusatztour

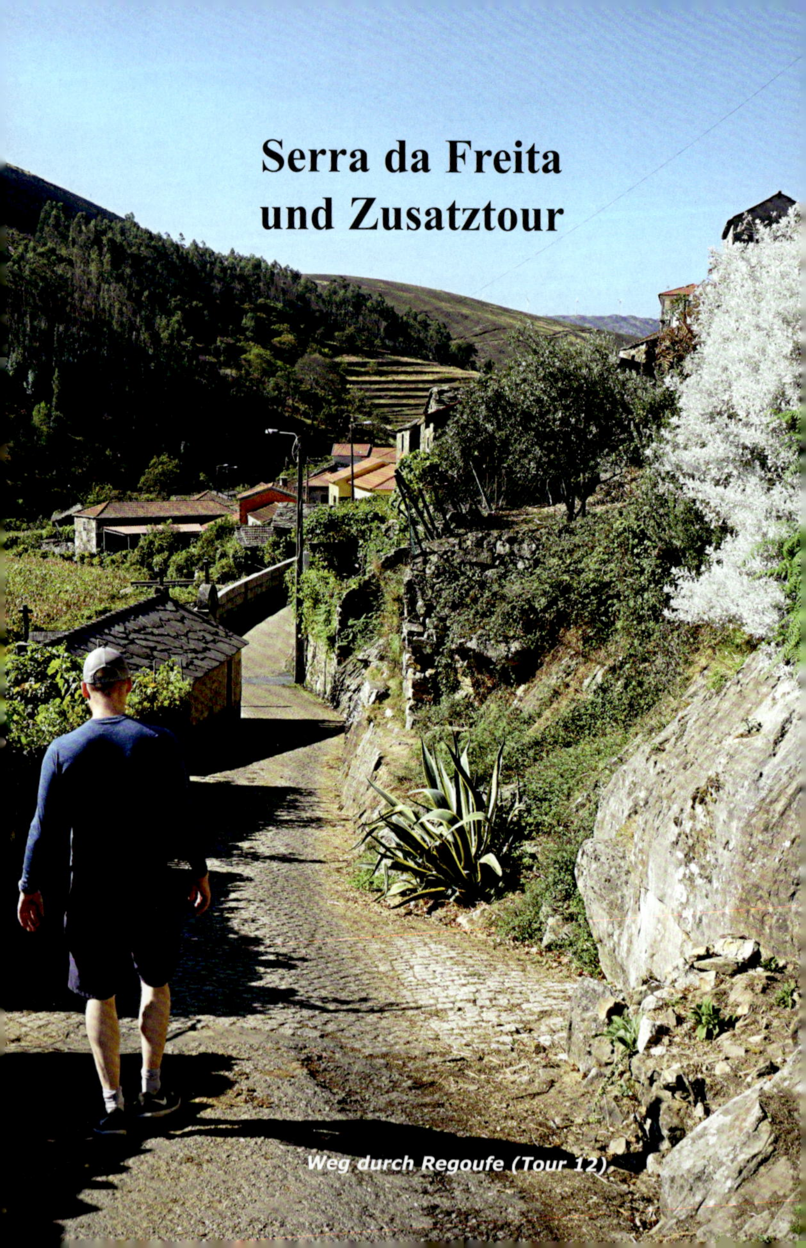

Weg durch Regoufe (Tour 12)

⑪ An den Steilhängen des Wasserfalls von Mizarela

Eine Wanderung für Naturliebhaber

Die Wanderung durch das Tal rund um den Wasserfall von Mizarela bietet Ausblicke über das sich überraschend steil auftürmende Gebirge Serra da Freita, das Ihnen schon während der Anfahrt eine spektakuläre Aussicht schenkt. Dieser Wanderweg ist gut markiert und sehr beliebt.

Start/Ziel: Campingplatz von Merujal, GPS N 40°52.391' W 008°17.503'

7,3 km

3 Std. 30 Min.

442 m/442 m

647-937 m

Markierungen des PR 7 Nas Escarpas da Mizarela: ein roter und ein gelber Strich

Schmaler, steiler Wanderweg. Die Tour setzt Trittsicherheit und stellenweise eine gewisse Schwindelfreiheit voraus. Nach starkem Regen können die steileren Abschnitte rutschig sein. Einige luftige Passagen sind mit Ketten, die als Handgeländer dienen, gesichert.

Am Start/Ziel gibt es beim Campingplatz Parque de Campismo Merujal im gleichnamigen Dorf eine Bar und ein Restaurant. In Mizarela gibt es ebenfalls ein empfehlenswertes Restaurant mit dem Namen Ponto Alto (km 1,5 bzw. km 5,8).

am Aussichtspunkt (km 0,7)

Zwischen den Dörfern Mizarela und Albergaria da Serra liegt an der M621 nur wenige Hundert Meter vom Wanderweg entfernt ein kleiner „Badestrand" namens Parque Fluvial de Albergaria da Serra (eher eine Wiese) am Fluss, der wenig später zum Wasserfall wird. Dieser Platz eignet sich, um zu picknicken und in der Sonne zu liegen. Im Sommer kann es hier voll werden.

Diese Tour ist für kleine Kinder ungeeignet. Wenn Ihr Kind Freude an etwas exponierten und steileren Wanderwegen hat, passt diese Wanderung jedoch super. Kurzweilig ist die Tour auf jeden Fall.

Diese Tour ist für Hunde nicht zu empfehlen, da sie an einigen luftigen Passagen vorbeiführt. Menschen können sich hier an einer Kette, die als Handgeländer dient, festhalten; Hunden ist dies ja leider nicht möglich.

Wenn Sie in der Serra da Freita wandern wollen und keinen Mietwagen haben, können Sie mit dem Bus in die Kleinstadt Arouca fahren, müssen von hier aus jedoch ein

Taxi zu den Ausgangspunkten der Wanderungen nehmen. Fahren Sie mit dem Bus vom Zentrum Portos nach São João da Madeira und von dort aus nach Arouca mit der Linie Arouca – S. João da Madeira, die unter der Woche vierzehnmal täglich und am Wochenende fünfmal täglich verkehrt, www.transdev.pt und www.aroucanet.com > Transportes.

www.taxis-arouca.pt, +351 256 94 43 45 oder +351 919 47 23 90

P kostenlose Parkmöglichkeit am Start/Ziel beim Campingplatz

☺ Arouca wurde im Jahre 2009 zum geologischen Erbe der UNESCO erklärt und trägt den Namen **Geopark Arouca**. Ziele sind die Konservierung und der Schutz dieses Erbes sowie über die geologischen Besonderheiten der Region und die Entwicklung eines haltbaren Tourismus zu informieren. Insgesamt finden sich hier 41 sogenannte **Geossítios**, also Plätze von geologischem Interesse. Darunter zum Beispiel die gebärenden Steine von Castanheira (Pedras Parideiras) und die Riesen-Trilobiten von Canelas (Trilobites Gigantes).

Viele der Sehenswürdigkeiten finden sich entlang der Wanderwege, während andere mit dem Auto zu entdecken sind. Es gibt mehrere Strecken, die an den Geossítios vorbeiführen, Rota dos Geossítios genannt. Diese sind am Straßenrand mit braunen Schildern mit eben dieser Aufschrift markiert. Neben dem Wandern bietet die Region sich auch fürs Klettern, Canyoning, Rafting und Kanufahren an.

Für alle vier Wanderung dieses Buches, die innerhalb der Gemeinde Arouca verlaufen (Tour 11-14), finden Sie auf folgender Homepage mehr Informationen zu interessanten Plätzen, anderen Aktivitäten und auch den Wanderwegen: www.aroucageopark.pt/en.

Dieser sehr gut markierte Rundweg beginnt vor dem Campingplatz von Merujal, der rund 50 km von Porto entfernt ist. Hier gibt es auch ein Restaurant und ein Café.

Restaurant und Café des Campingplatzes Parque de Campismo do Merujal, 4540-659 Merujal (Arouca), +351 256 94 77 23, www.naturveredas.com, keine festen Öffnungszeiten

Folgen Sie den gelb-roten Beschilderungen des PR 7 Nas Escarpas da Mizarela durch ein schattiges Waldstück bis in das Dorf Mizarela. An der

Straße biegen Sie rechts ab.

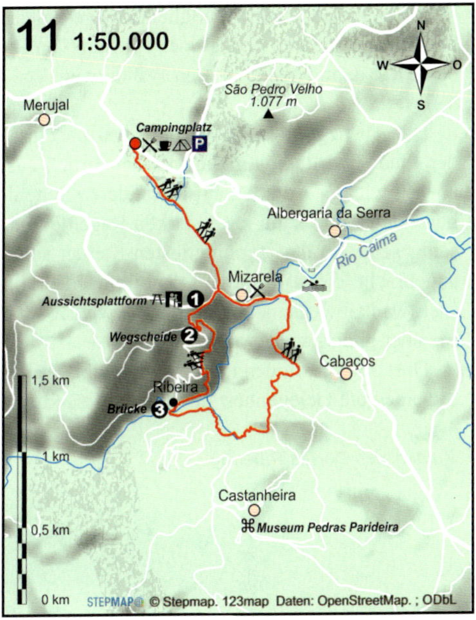

Sie kommen zu einer Aussichtsplattform ❶, die einen Blick auf den beeindruckenden Wasserfall Frecha da Mizarela zulässt. Hier fällt der Fluss Caima rund 75 m in die Tiefe. Die Felswand an der Flanke des Wasserfalls ist eine beliebte Kletterroute. An dieser Stelle finden Sie auch Sitzgelegenheiten und Informationstafeln über den Geopark Arouca.

Hinter dem Aussichtspunkt biegen Sie direkt auf die kleine, steile Straße ab, die zum Dorf Ribeira führt, und folge dieser dann 300 m talwärts. Hier weicht der Wanderweg dann nach links von der Straße ab ❷.

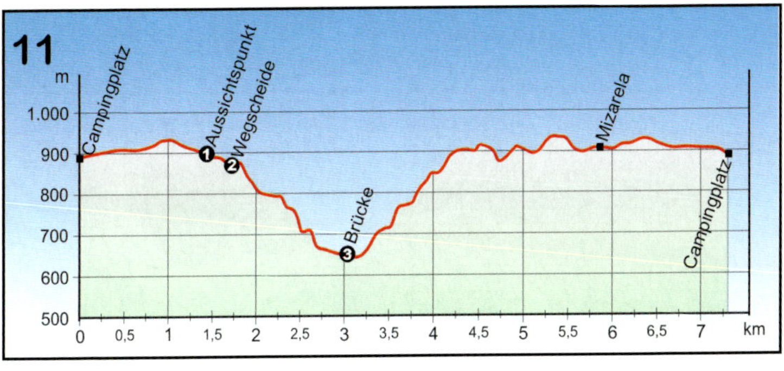

Es ist jedoch auch möglich, den gesamten Abstieg auf der Straße zu bewältigen – an den verlassenen Häusern von Ribeira trifft die hier endende Straße dann wieder auf den Wanderweg.

Der Abstieg auf dem Wanderweg zum Fluss Caima ist recht steil und der Pfad wird durch Erosion kontinuierlich ausgewaschen. Dieser Steig, ebenso wie der Aufstieg auf der anderen Seite des Tales, setzt Trittsicherheit voraus und kann nach starken Regenfällen matschig und äußerst rutschig sein. An den exponiertesten Stellen sind jedoch Ketten im Felsen angebracht, die als Handlauf genutzt werden können.

Etwa halbwegs ins Tal treffen Sie wieder auf die asphaltierte Straße, die Sie aber gleich wieder verlassen.

Dort, wo Sie an den niedrigsten Punkt der Wanderung gelangen, finden Sie eine gute Gelegenheit für eine Pause und ein Fußbad vor dem Aufstieg

Ruinen des Dorfes Ribeira

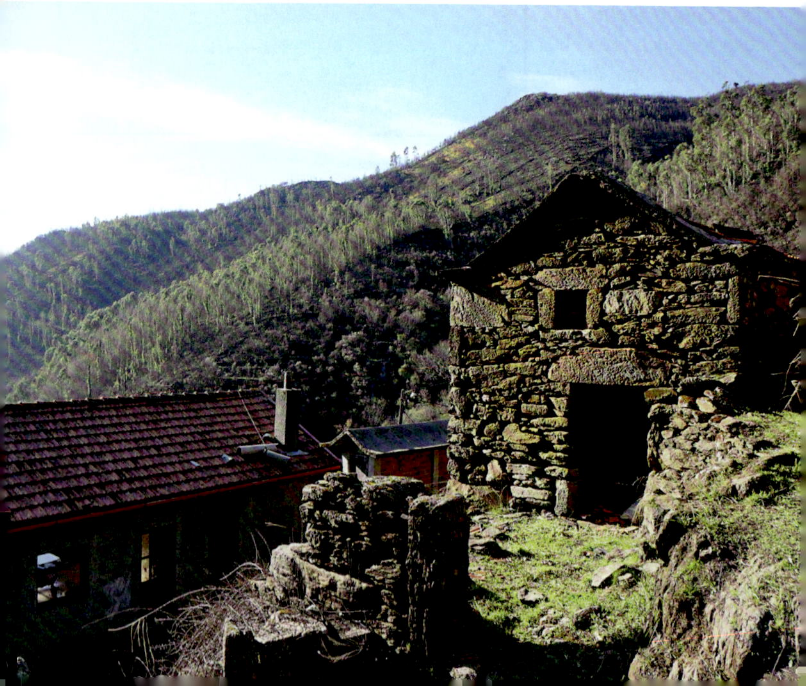

auf der anderen Seite der Schlucht. Im Sommer 2016 wurde auch dieses Tal von einem Waldbrand verwüstet und wie immer wird die Natur einige Jahre brauchen, um sich wieder zu erholen. Bis vor dem Brand lebten hier noch einige Personen in dem kleinen Dörfchen Ribeira, mittlerweile ist dieses jedoch verlassen.

Waldbrände

Jeden Sommer wiederholt sich in Portugal das gleiche Szenario: Der Regen bleibt aus, die Vegetation und der Erdboden vertrocknen und schon bald wird überall in den Nachrichten über die Waldbrände berichtet, die ganze Dörfer bedrohen und Wälder in Wüsten verwandeln. 2017 war ein besonders warmes und trockenes Jahr – fast 100 Personen starben in den Feuern oder an einer Rauchvergiftung. Viele weitere wurden verletzt.

Die Ursachen dieser Brände gehen von Blitzeinschlag und Unachtsamkeit bis zu mutwilliger Brandstiftung. Oft ist es mangelnde Vorsicht beim Grillen oder eine Zigarette, die leichtfertig aus dem fahrenden Auto geworfen wird. Zum Teil werden die Brände mit Absicht gelegt, um eine Versicherungsprämie abzustauben, und in wieder anderen Fällen ist es Pyromanie.

Ein Faktum ist, dass der Wald in Portugal enorm einfach in Brand zu setzen ist. Dies liegt vor allem an den Eukalyptusplantagen. Die **Eukalyptusbäume** werden oft als Monokultur für die Holzgewinnung angebaut, da sie den Grundeigentümern eine zuverlässige Einkommensquelle bieten und schneller wachsen als andere Arten. Der Eukalyptus ist in Portugal nicht endemisch, sondern stammt eigentlich aus Australien. Er wurde in das Land importiert und scheint sich im portugiesischen Klima sehr wohlzufühlen.

Das Problem mit dieser Pflanzenart ist, dass sie andere Bäume verdrängt und enorm leicht Feuer fängt – dies liegt natürlich an den ätherischen Ölen, die sich nicht nur in den Blättern befinden, sondern sogar in den Boden abgegeben werden. Die Wurzeln des Eukalyptus trocknen den Boden bis in die Tiefe aus und dieser bietet daher anderen Pflanzen keinen Lebensraum. Zudem hat der Eukalyptus deutlich bessere Chancen, sich von einem Brand zu erholen als zum Beispiel Eichen, Kastanien oder andere in Nordportugal heimische Arten. Die Wurzeln können Feuer überleben, selbst wenn der Baum komplett abgebrannt ist, und die Samen brauchen die Hitze sogar, um zu keimen. Während der Eukalyptus nach einem

Waldbrand also wie ein Phönix aus der Asche aufersteht, werden die Wurzeln und Samen anderer Bäume zerstört und die Arten so verdrängt.

Der Anbau von Eukalyptus scheint also eine Einbahnstraße für die Artenvielfalt der portugiesischen Flora zu sein. Doch solange der Gedanke an den Profit durch die Holzgewinnung überwiegt, werden die ökologischen Aspekte verdrängt.

Wollen Sie portugiesische Wälder ganz ohne Eukalyptus erleben, so sind der Nationalpark Peneda-Gerês und das Naturreservat Serra da Estrela die besten Anlaufpunkte.

Eine moderne Brücke ❸ führt von dem verlassenen Dörfchen Ribeira über den Fluss Caima und schon beginnt der, ebenfalls recht steile, Aufstieg. Nach ungefähr 500 m erwartet Sie bereits ein weiterer kristallklarer Wasserfall, nämlich der Cascata da Ribeira de Castanheira. Auf rund 800 m Höhe überqueren Sie die Brücke über den Wasserfall, bei der Vorsicht geboten ist, da sie feucht und glatt sein kann.

Schon bald sind Sie wieder an der oberen Kante der Schlucht und folgen einem breiten Pfad. Dieser gabelt sich und Sie folgen dem schmaleren, linken Weg, der sich durch die in der Sonne glitzernden Quarzmineralien, die die Felsen und Steine hier durchsetzen, auszeichnet.

Der Weg macht einen Schwenker nach Osten und Sie durchqueren ein kleineres, grünes Tal, bevor Sie sich über steinige Weiden, auf denen zahlreiche Kühe grasen, der Landstraße nähern. Folgen Sie der Straße nach links durch das Dorf Mizarela, wo Sie an dem ✕ Restaurant Ponto Alto vorbeikommen.

✕ Ponto Alto, Merujal – Albergaria da Serra, 4540-013 Arouca, ☏ +351 256 94 77 02, Juli bis Sep täglich, Okt bis Juni Sa, So, keine festen Zeiten

Wenn Sie an dieser Stelle die Straße nach rechts nehmen, kommen Sie nach nur 300 m zur beliebten Badestelle Parque Fluvial de Albergaria da Serra.

Im Dorf Mizarela angekommen sind Sie nahezu wieder am Ausgangspunkt der Wanderung. Lediglich das flache und einfach zu wandernde Waldstück zum Campingplatz in Merujal wird nun auf bekanntem Weg erneut durchquert.

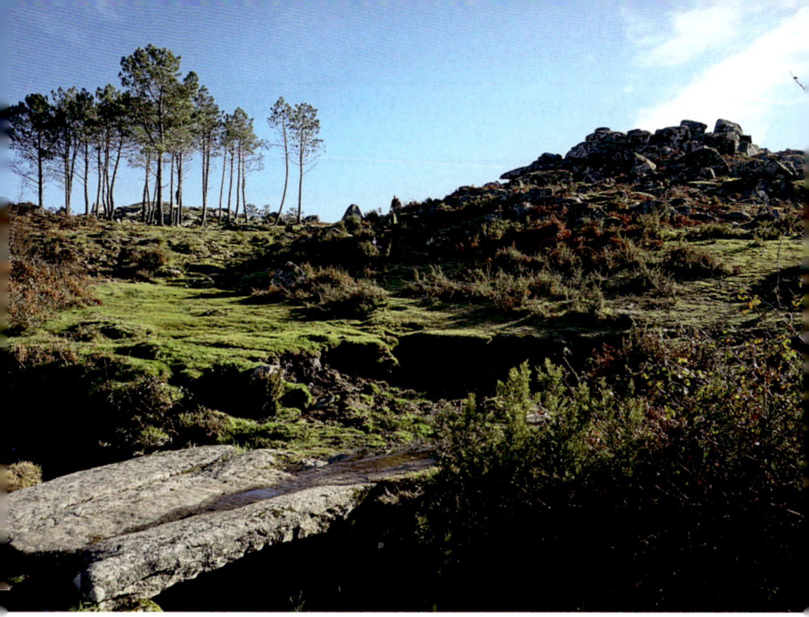

Weiden nahe Mizarela

☺ ⌘ Im Dorf Castanheira, auf der anderen Seite des Tals, finden Sie ein Museum, das den gebärenden Steinen von Castanheira (Pedras Parideiras) gewidmet ist. Dies ist ein weltweit wahrscheinlich einzigartiges Phänomen, bei dem größere Felsen augenscheinlich kleinere Steine einer anderen Farbe und Struktur in sich beherbergen und diese langsam aus ihnen herauswachsen.

⌘ Museum Pedras Parideiras, Rua de Santo António – Albergaria da Serra, 4540-013 Arouca, ☏ +351 256 94 02 54, 💻 www.facebook.com/cpp.rma, ✉ pedrasparideiras@aroucageopark.pt, 🚪 Mo-So 9:30-12:30 und 14:00-17:00

⓬ Der Karrenweg von Covelo do Paivó

Eine kurze Wanderung für Natur- und Kulturinteressierte

Diese Wanderung führt über die seit Jahrhunderten genutzte Verbindung zwischen den Bergdörfern Covelo do Paivó und Regoufe. Diese Strecke ist die direkte und kürzeste Verbindung zwischen den beiden kleinen Dörfern. Entlang der befahrbaren Straße ist die Strecke doppelt so lang und dauert sogar mit dem Auto gut 20 Minuten. Der Wanderweg ist ein teilweise schmaler, gepflasterter Stieg entlang eines Berghangs, der vor allem für Transporte mit Ochsenkarren genutzt wurde.

Diese Tour ist recht kurz und mühelos und lässt sich vom Dorf Regoufe aus perfekt mit Tour 13 kombinieren.

⇆ Start/Ziel: am Eingang des Dorfes Covelo do Paivó, GPS N 40°53.008' W 008°10.064'

10,2 km

4 Std.

↑↓ 500 m/500 m

⇧ 311-671 m

Markierung der Pequena Rota PR 13 Na Senda do Paivó: ein gelber und ein roter Streifen

Ein alter, kopfsteingepflasterter Karrenweg. Viel Ausdauer und Trittsicherheit sind nicht von Nöten, ein bisschen Schwindelfreiheit jedoch schon, denn die Tour geht zum Teil an einem Abhang entlang. Der Weg ist aber immer so breit, dass es zu keinem Zeitpunkt irgendwie gefährlich wäre.

Restaurant O Mineiro de Regoufe (4,4 km). Abseits des Weges gibt es sowohl in Covelo do Paivó als auch in Regoufe ein kleines Café.

keine

Die Tour ist kurzweilig und eignet sich gut für Kinder. Diese sollten jedoch schon alt genug sein, um zu verstehen, dass es teilweise am Wegrand recht steil abwärts geht. Auch wenn Sie die Grube in Regoufe besuchen, sollten Sie Ihre Kinder stets unter Aufsicht haben.

Die Wanderung eignet sich gut für Hunde, Wasser gibt es entlang des Weges jedoch zuächst nicht, erst wieder auf halber Strecke in Regoufe am Bach.

siehe Tour 11

P Am Eingang des Dorfes Covelo do Pavió gibt es die Möglichkeit, das Auto abzustellen.

Wenn Sie ein Navi verwenden, um zum Startpunkt zu fahren, verwechseln Sie Covelo do Paivó nicht mit Covelo de Paiva, einem anderen Dorf, das gute 55 km entfernt liegt.

Beginnen Sie Ihre Wanderung bereits am Eingang des Dorfes Covelo do Paivó, da die Gassen zunehmend enger werden und es nahezu unmöglich ist, zu parken und zu wenden.

Gehen Sie bergauf bis hin zur ✝ Kirche ❶, wo die rot-gelben Markierungen beginnen, denen Sie von hier an folgen. Der Wanderweg schlängelt sich an der Bergseite langsam in die Höhe und Sie kommen schließlich aus dem Wald hinaus.

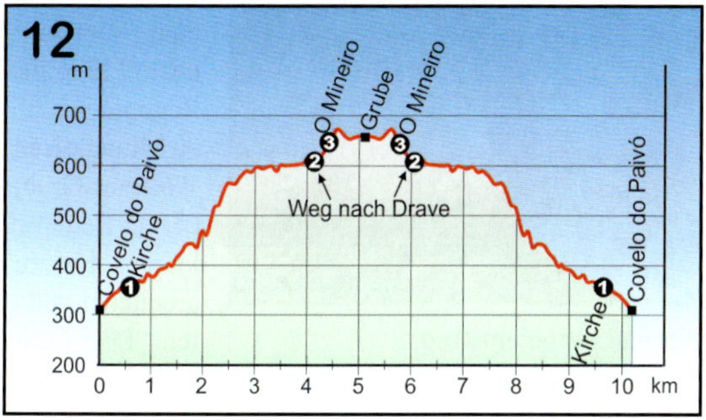

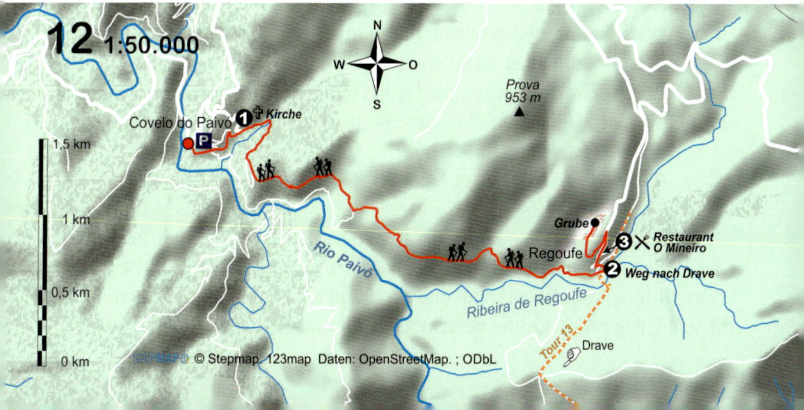

Die Aussicht über das weitläufige Tal, den Fluss und die erstaunlich schroffen Berge ist großartig und zu jeder Jahreszeit ein völlig anderes Erlebnis.

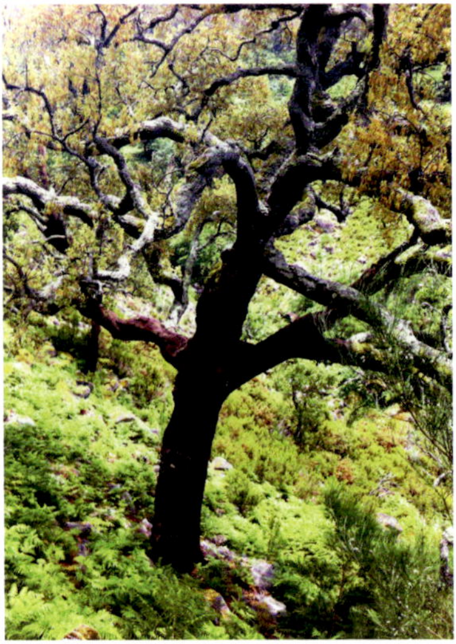

Alte Korkeiche am Weg

Zwischen km 2 und km 3 ist der Berghang zum Teil recht steil, doch der gepflasterte Weg ist breit genug, um keine ernsthaften Schwindelgefühle zu entwickeln. Bis nach Regoufe ist es im Prinzip unmöglich, sich zu verlaufen, und die Steigung ist sehr sanft.

Einmal im Dorf angekommen, können Sie sich am Ufer des Flüsschens Ribeira de Regoufe ausruhen, im Restaurant zu Mittag essen oder aber die alte Wolfram-Grube besichtigen, in der zu Zeiten des Zweiten Weltkrieges bis zu 1.000 Personen arbeiteten und das Metall abbauten. Die Grube befindet sich oberhalb des heutigen Dorfes.

Unten im Dorf kommen Sie zunächst an eine Weggabelung, wo auch Schilder auf den Wanderweg nach Drave hinweisen ❷. Dies ist eine mögliche Verlängerung dieser Wanderung und eine Verknüpfung mit Tour 13.

Wollen Sie zunächst zum Restaurant und zur Grube, biegen Sie nach links in eine schmale Gasse, die Sie in steilen Serpentinen zum ✕ Restaurant O Mineiro führt, das Sie nach 200 m erreichen ❸.

✕ O Mineiro, Regoufe, 4540-224 Arouca, ☏ +351 960 11 01 95, keine festen Zeiten

Um zu der Grube zu kommen, folgen Sie der Straße weiter bergauf. An der ersten Wegscheide halten Sie sich links und an der zweiten erneut scharf links. Vom Restaurant sind es 700 m bis zu der weitläufigen, verlassenen Anlage. Die Grube besteht aus zahlreichen Gebäuden, die heute nur

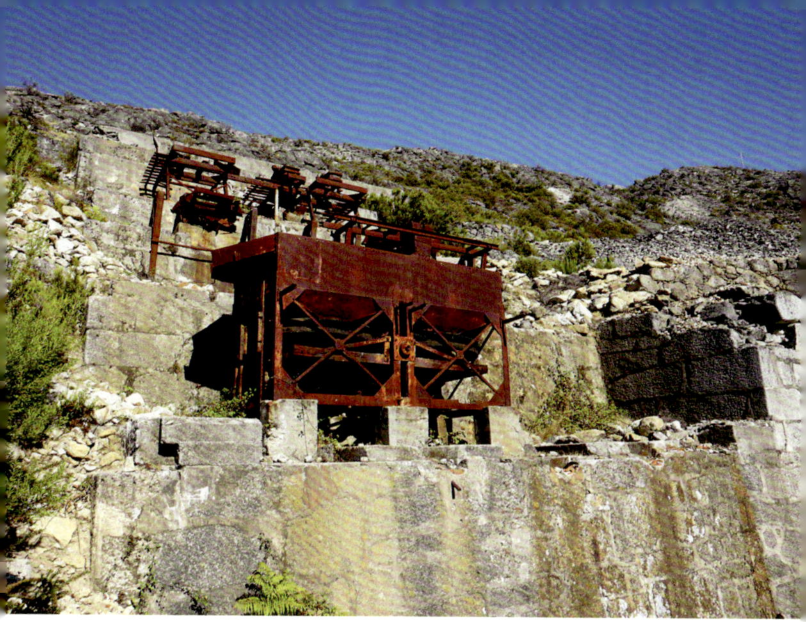

Die alte Wolfram-Grube

noch Ruinen sind. Zumeist sind lediglich die Hauswände übrig, zudem auch noch einige Schmelzöfen und andere Maschinerie. Hier kommt der Eindruck auf, sich in einer richtigen Geisterstadt zu befinden. Vielleicht ein wenig gruselig, aber gleichzeitig spannend.

Die Grube hat gut ein Dutzend Eingänge zu den Tunneln, die in den Berg hineinführen, und alle davon sind offen. Wie in Portugal üblich gibt es hier weder Verbotsschilder, Absperrungen noch Sicherheitsvorkehrungen. Es ist also möglich, mit einer Stirnlampe bewaffnet in die Grube hineinzugehen. Ob jedoch das Risiko von Steinschlag oder sogar eine Einsturzgefahr besteht, ist natürlich nicht bekannt. Betreten Sie die Tunnel, so geschieht dies auf Ihre eigene Verantwortung.

Wolfram – das Kriegsmetall

Portugal ist eines der Länder mit dem größten Wolfram-Abbau weltweit. Schon zwischen 1836 und 1930 waren 530 der insgesamt 1.793 Gruben des Landes dem Abbau von Wolfram gewidmet. Die Nachfrage war immer an die weltpolitische Lage gekoppelt, denn Wolfram wird häufig im militärischen Bereich verwendet.

Das Metall wird aufgrund seiner hohen Schmelztemperatur traditionell als Glühwendel in Glühlampen benutzt. Eine andere Anwendung ist die als Wolframstahl in Werkzeugen und in Munition. Wolfram hat eine so hohe Dichte, dass ein Projektil sogar einen Panzer durchbohren kann.

Die Grube in Regoufe, die Poça da Cadela (zu Deutsch: die Lache der Hündin), wurde im Herbst 1915 eröffnet und erst im Jahr 1990 endgültig geschlossen. Sie wurde von der Companhia Portuguesa de Minas betrieben, die in Wahrheit jedoch englische Besitzer hatte. Sowohl die Nazis als auch die Alliierten bezogen Wolfram aus den Mienen rund um Arouca. Sogar die Zugangsstraßen zu den Gruben wurden gemeinschaftlich bezahlt. Die Arbeiter waren jedoch nahezu ausschließlich aus Portugal. Alleine zwischen 1935 und 1951 wurden in Regoufe 639.000 Tonnen Wolframerz gewonnen.

Zurzeit befinden sich die meisten verlassenen Gruben in Portugal in einem ungeregelten Zustand, da die Gebäude weder abgerissen, noch für den Tourismus restauriert werden. Für solche Projekte ist schlichtweg kein Geld vorhanden und die Prioritäten liegen in anderen Gebieten. Allerdings bekommen Sie als Besucher so die Chance, diese industriellen Überbleibsel einer anderen Zeit so zu sehen, wie sie wirklich waren, und zwar ohne den künstlichen Rahmen eines Museums.

Seien Sie jedoch stets vorsichtig, wenn Sie in den Ruinen eines Bergbaus herumstreifen, denn alle Ruinen, Gebäude und Gänge könnten einsturzgefährdet sein.

Informationen zu bergbaurelevanten Ausstellungen und eine Karte mit allen Gruben Portugals finden Sie auf 💻 www.roteirodeminas.pt. Die Homepage gibt es auch als englische Version.

Anschließend laufen Sie auf dem bekannten Weg wieder zurück zum Ausgangspunkt der Wanderung.

↳ Falls Ihnen der Sinn nach ein wenig mehr Wandern steht, bietet es sich an, den Weg auf dem PR 14 Aldeia Mágica – das magische Dorf, das in ☞ Tour 13 beschrieben wird – ca. 4 km nach Drave fortzusetzen.

⑬ Drave – Das magische Dorf

Eine beliebte Wanderung für Familien und Kulturinteressierte

Das verlassene Dorf Drave, auch „das magische Dorf" genannt, ist eine Reliquie aus einer vergangenen Zeit. Auch wenn heute niemand mehr in dieser Siedlung wohnt, so sind die Gebäude dennoch in gutem Zustand, da die portugiesischen Pfadfinder sich der Instandhaltung der traditionellen Schieferhäuser angenommen haben. Das Dorf ist für Autos unzugänglich, es gibt weder fließendes Wasser noch Elektrizität. Dennoch wohnte der letzte Dorfbewohner immerhin bis zum Jahr hier 2000.

Start: Parkplatz am Eingang des Dorfes Regoufe, GPS N 40°52.795' W 008°07.891'

8,4 km

3 Std.

445 m/445 m

594-748 m

Die komplette Tour ist als Pequena Rota PR 14 Aldeia Mágica in gelb und rot markiert und Sie können den Markierungen mühelos bis nach Drave folgen.

Ein breiter, sandiger Wanderweg. Sie brauchen weder viel Ausdauer noch Schwindelfreiheit. Nur beim ersten Aufstieg, mit vielen losen Steinen, ist Trittsicherheit von Vorteil.

Keine Einkehrmöglichkeit am Weg. In Regoufe gibt es abseits des Weges ein Restaurant und ein Café.

An den Lagunen in Drave können Sie sehr gut rasten (km 4,2).

Lagunen in Drave (km 4,2)

Diese Tour eignet sich für Kinder allen Alters und im Dorf Drave gibt es jede Menge zu entdecken.

Die Tour eignet sich, um einen Vierbeiner mitzunehmen. Wasser findet sich in Drave.

☞ siehe Tour 11

Parkmöglichkeit am Eingang von Regoufe. Fahren Sie nicht zu weit in die kleinen Gassen hinein, hier stehen die Häuser sehr eng beieinander. Teilweise passt ein normales Auto nicht hindurch und es wäre mühselig, rückwärts wieder hinausfahren zu müssen.

Beginnen Sie die Wanderung am Parkplatz oberhalb des Dorfes Regoufe. Sie folgen der asphaltierten Gasse nach links, bis diese zu einem kopfsteingepflasterten Weg wird. An der kleinen Kapelle ❶ finden Sie die Informationstafel für den PR 14 und das erste hölzerne Schild, auf dem Drave steht. Auch auf dieser Tour sind die gelb-roten Markierungen der Pequena Rota zahlreich und deutlich und zudem ist die Wegführung übersichtlich.

↳ ⌘ Bevor Sie das Dorf verlassen, können Sie die Chance nutzen und sich die verlassene Wolfram-Grube Mina de Regoufe anschauen. Mehr Infos zum Bergbau und dieser Grube finden Sie in der ☞ Beschreibung der Tour 12.

100 m nach der Kapelle teilt sich der Weg und Sie halten sich links. Nach insgesamt 500 m Wanderung überqueren Sie den kleinen Fluss Ribeira de Regoufe über eine Brücke ❷. Gleich nachdem Sie Regoufe verlassen haben, steigt der breite Pfad zunächst recht steil an.

Nach 1,3 km kommen Sie, direkt hinter einer Kurve, zu einer Weggabelung. Eine Schotterpiste kreuzt sich hier mit dem Wanderweg und ein wei-

Kuh und Wegweiser in Regoufe

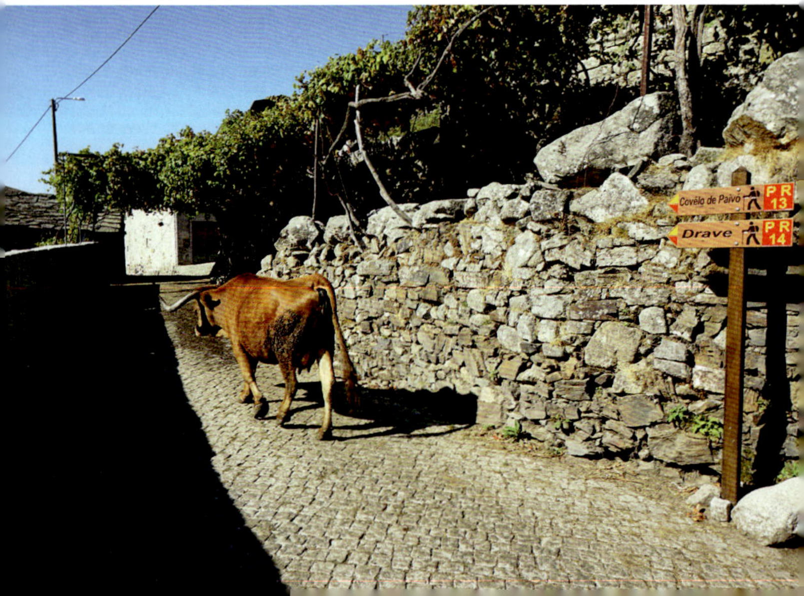

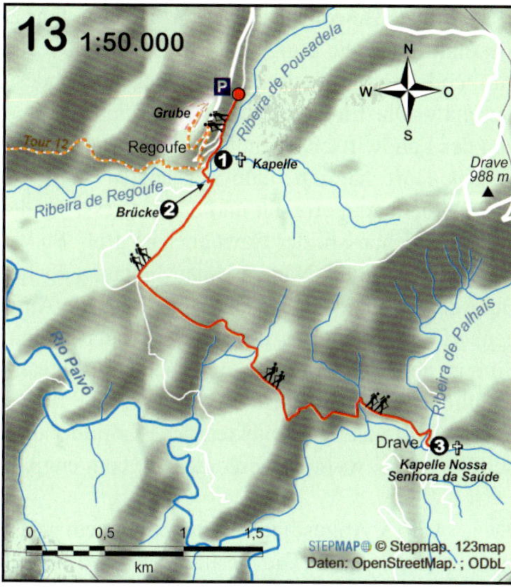

terer Pfad biegt nach rechts ab. Sie setzen Ihren Weg weiter geradeaus in südöstlicher Richtung fort, von der Wegscheide aus gesehen nehmen Sie also den zweiten Weg von links.

Der Weg macht nach rund 2 km einige Schlenker und nähert sich seinem, mit 748 m, höchsten Punkt. Von hier aus geht es bereits wieder ins Tal hinunter und schon bald kommt Drave in Sicht. Nach 2,8 km teilt der Weg sich erneut und Sie halten sich links. Nun wird der Weg schmaler und führt langsam in das Dorf, mit seinen schwarzen Dächern, die in der Sonne glänzen, und der weißen Kapelle Nossa Senhora da Saúde in der Mitte, hinein. Bevor Sie zur Kapelle gelangen, passieren Sie eine kleine Brücke über den Bach Ribeira de Palhais. Anschließend gelangen Sie zur Kapelle von Drave ❸.

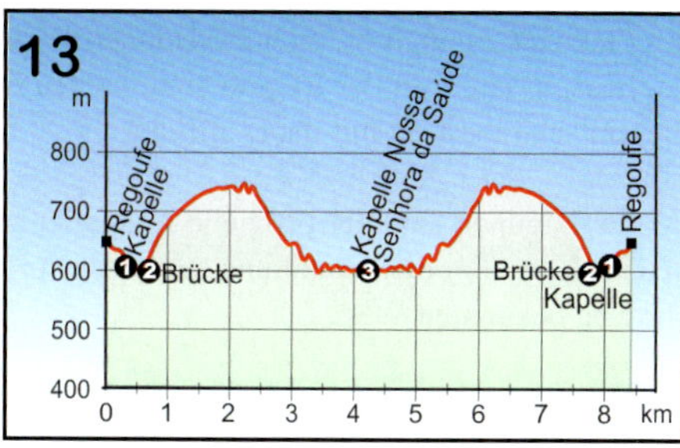

Hier im Dorf und unterhalb des Dorfes gibt es mehrere wirklich fantastische, kristallklare Lagunen entlang des kleinen Flusses. Hier können Sie im Sommer gut baden oder sich einfach ein wenig die Füße abkühlen.

Der letzte Bewohner verlies das Dorf im Jahr 2000 und seitdem sind es die Pfadfinder, die einige der Brücken und Gebäude instand halten. Hier gibt und gab es weder Strom noch fließendes Wasser, Post oder ein Geschäft. Die Einwohner des Dorfes lebten bis zum Schluss traditionell von der Landwirtschaft und ohne moderne Hilfsmittel.

Das Dorf hat innerhalb der letzten Jahre in Portugal einen hohen Bekanntheitsgrad erreicht und das Interesse an der Geschichte von Drave und dem Lebensstil der Bewohner ist groß. So wurde im Jahr 2014 sogar eine Doku mit dem Namen Uma Montanha do Tamanho do Homen (= ein Berg der Größe des Menschen) gedreht, die Aufnahmen aus der Vergangenheit, aber auch aus der gegenwärtigen Arbeit in Drave zeigt. Dieser Film ist auf DVD erhältlich und auch beim Streamingdienst der öffentlich-rechtlichen Rundfunkanstalt Portugals, RTP Play, zu sehen.

Mehr Info zu den Projekten der Pfadfinder und um das Dorf selbst finden Sie auf 💻 www.dravescoutcentre.com/eng.html.

Am 15. August jeden Jahres findet ein großes **Fest** mit einer Prozession in Drave statt. Die Festlichkeit wird zu Ehren der heiligen Nossa Senhora da Saúde (Marienverehrung, als Madonna der Gesundheit) gehalten. Neben der Prozession gibt es einen Gottesdienst mit Abendmahl und ein Picknick, an dem oft mehrere Hundert Personen teilnehmen. Wenn Sie zu diesem Datum in der Region sind, nutzen Sie die Gelegenheit, um bei diesem schönen Fest mit dabei zu sein.

Die Lagunen sind der offizielle Endpunkt des mit PR 14 gekennzeichneten Weges. Für die Wanderung zurück nach Regoufe folgen Sie dem vom Hinweg bekannten Weg.

☺ Obwohl es (wie so oft in Portugal) weder ein direktes Verbot noch eine Erlaubnis gibt, ist es populär in Drave zu ⛺ zelten und seine Wanderung am nächsten Tag fortzusetzen.

Die Arbeit der Pfadfinder zu respektieren und keinen Abfall zu hinterlassen, sollte natürlich eine Selbstverständlichkeit sein. An den meisten Wochenenden sind die Pfadfinder im Dorf aktiv und zelten auch dort. Aus gesetzlicher Perspektive ist das Wildcampen jedoch im gesamten Land verboten.

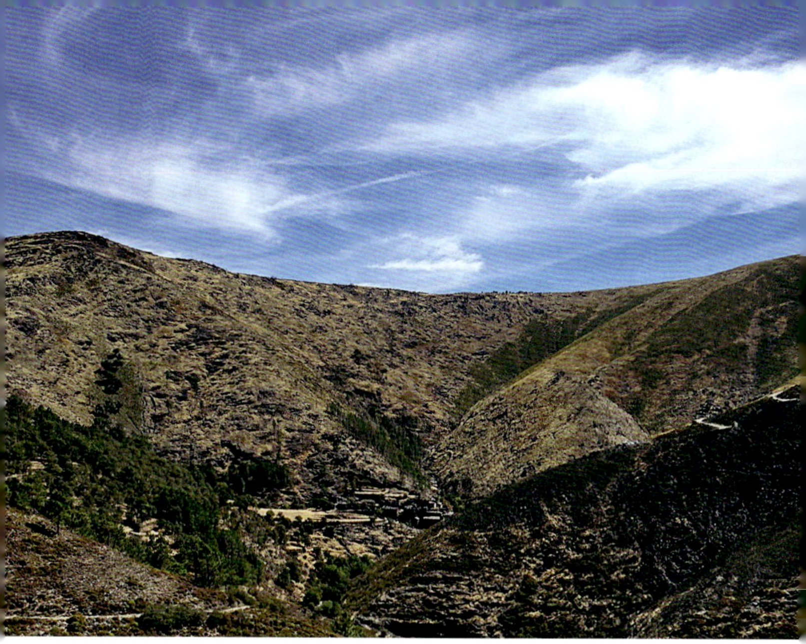

In den Bergen über Drave © Paulo de Sousa

↳ Eine spannender Abstecher von Drave aus ist ein Besuch beim Portal do Inferno (= das Tor zur Hölle), einer beeindruckenden Schlucht, die vom Gipfel des Berges nordöstlich des Dorfes aus bestaunt werden kann.

Um dorthin zu kommen, empfiehlt es sich, den Bergrücken des Alto da Drave zu erklimmen und diesem dann nach Nordosten zu folgen. Schließlich gelangen Sie an die Straße Estrada do Portal do Inferno, der Sie für die beste Aussicht einige Hundert Meter nach Süden folgen. Von Drave aus sind es nur 3 km bis zum Tor zur Hölle, jedoch beinahe 400 Höhenmeter. Der Weg dorthin ist nicht markiert und kann unter Umständen zugewuchert sein.

14 Die Route des Schiefers von Canelas

Eine Tour für Freunde von abwechslungsreichen Wanderungen

Die Schieferroute ist eine abwechslungsreiche Rundwanderung. Sie führt durch mehrere urige Dörfer mit einladenden Restaurants, zu einem kleinen Museum und an Wasserfällen vorbei und bietet fantastische Aussichten und einen Badestrand. Ein weiteres Highlight ist die aus Holz gebaute Promenade entlang des Flusses Paiva.

Start/Ziel: an der Kirche des Ortes Canelas, GPS N 40°58.407' W 008°12.035'

16,6 km

4 Std. und 30 Min.

1.002 m/1.002 m

97-587 m

Die komplette Tour ist als Pequena Rota PR 9 Rota do Xisto in beiden Richtungen gelb und rot markiert.

Wanderwege, Forstwege und Asphalt. Schwindelfreiheit ist nicht von Nöten, dafür aber genug Ausdauer, um 4 Std. und 30 Min. zu wandern, und stellenweise auch ein wenig Trittsicherheit, gerade wenn es viel geregnet hat.

A Sardanisca (km 1,5), Paiva à Vista (km 8,2) und Café Praia Fluvial do Vau (km 13,6)

bei den Restaurants (km 1,5 und km 8,2), beim Museum (km 3) und am Badestrand (km 13,6)

Badestrand (km 13,6)

Diese Tour dürfte für kleinere Kinder zu lang und anstrengend sein. Für wandergeübte Kinder passt sie jedoch gut und es gibt entlang des Weges viel zu entdecken – unter anderem Wasserfälle, eine Badestelle am Fluss, Fossilien und der Eingang zu einer Grube.

Der größte Teil der Tour eignet sich, um einen Hund mitzunehmen. Trink- und Bademöglichkeiten finden sich entlang des Weges. Auf dem Abschnitt, der auf dem neu gebauten Holzstieg Passadiços do Paiva verläuft, sind Hunde jedoch nicht erlaubt. Hier sollten Sie eine alternative Strecke gehen und vom Badeplatz Praia Fluvial do Vau der schmalen Straße bergan folgen, bis Sie wieder auf den Wanderweg stoßen. Dadurch gehen Sie ca. 1 km der Strecke abseits des hier beschriebenen Weges.

siehe Tour 11

P Am Startpunkt ist es möglich, bei der Kirche zu parken. Wie so oft in den kleinen Dörfern Portugals gibt es weder spezielle Parkplätze noch Parkgebühren, stattdessen wird das Auto dort abgestellt, wo es Platz gibt.

Sie gehen auf der Wanderung über einen Teil der hölzernen Passadiços do Paiva und müssen in der Hochsaison und an sonnigen Wochenenden wahrscheinlich hierfür ein Ticket kaufen. Der springende Punkt ist hierbei nicht der Preis (€ 1 im Internet oder € 2 vor Ort), sondern die begrenzte Anzahl von Tickets pro Tag. Planen Sie diese Wanderung im Sommer, lohnt es sich auf jeden Fall, vorher auf der Homepage www.passadicosdopaiva.pt die Tickets zu kaufen, um auf der sicheren Seite zu sein.

Der Wanderweg beginnt an der ✝ Kirche, wo es auch eine Informationstafel gibt. In diesem Text wird der Rundwanderweg gegen den Uhrzeigersinn beschrieben. Von dem Startpunkt geht es nach rechts die kleine Treppe hinauf. Hier signalisieren auch zwei hölzerne Schilder den PR 9, sowie den GR 28. Sie achten im Verlauf aber natürlich nur auf die gelb-roten Markierungen des PR 9.

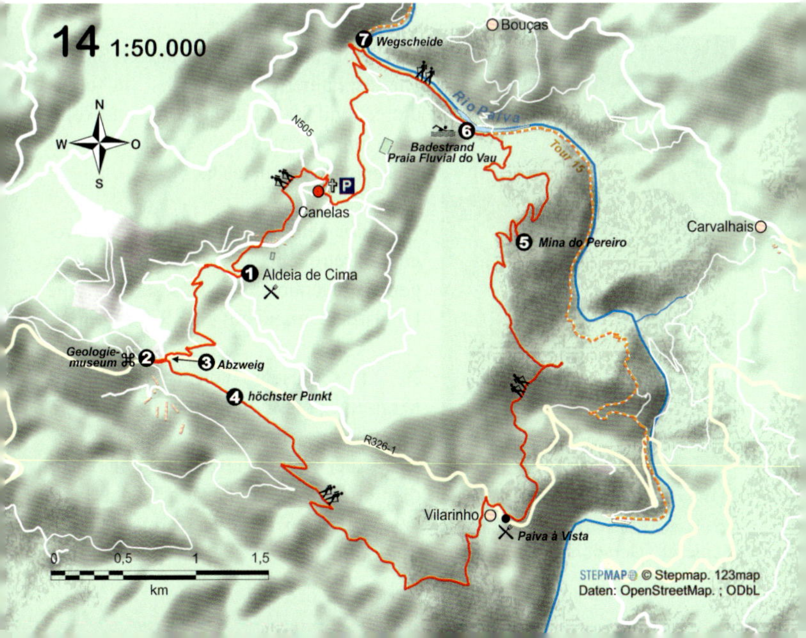

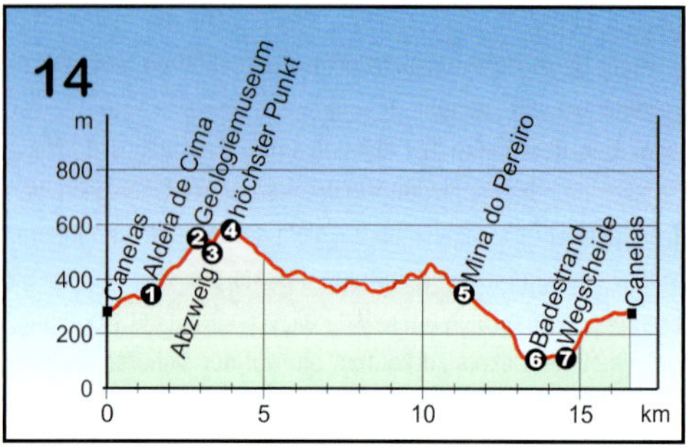

Sie folgen einer kleineren Straße, die nach links biegt und parallel zur Landstraße N505 verläuft, für 1,5 km bis ins Dorf Aldeia de Cima, wörtlich „das obere Dorf" ❶. Hier gibt es eine empfehlenswerte Einkehrmöglichkeit, das Restaurant A Sardanisca (= die Eidechse).

A Sardanisca, Lugar de Cima, 4540-252 Arouca, ☏ +351 913 35 94 91, keine festen Zeiten

Der Weg steigt nun auf einer kopfsteingepflasterten Straße an und führt dann in einen lichten Eukalyptuswald hinein. Markierungen sind immer ausreichend vorhanden.

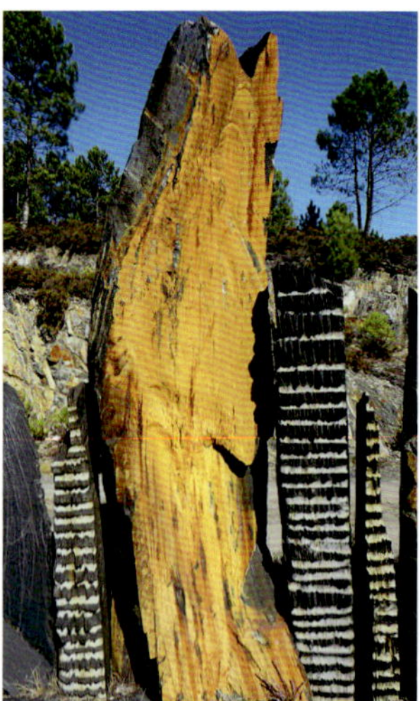
Schiefer (Geologiemuseum)

Nach 3 km Wanderung stoßen Sie auf eine asphaltierte Landstraße. Sie folgen dieser rund 200 m nach rechts und kommen zum empfehlenswerten Geologiemuseum von Canelas ❷.

Die Markierungen des Wanderweges führen nicht zum Museum, sondern genau gegenüber der Ausfahrt auf die Landstraße erneut auf eine Schotterpiste.

⌘ Das Museum von Canelas beherbergt eine Ausstellung über die geologischen Funde der Region, vor allem Fossilien der sogenannten Trilobiten aus dem ersten Erdzeitalter (☞ siehe Infokasten Tour 16). Auf der Terrasse gibt es Sitzmöglichkeiten.

♦ Centro de Interpretação Geológica de Canelas (CIGC), Alto do Campêlo, Canelas de Cima Cxp 213, 4540- 252 Arouca, ☏ +351 916 35 29 17, 💻 www.cigc-arouca.com, ✍ geral@cigc-arouca.com, 🚪 Juni-Sep täglich 10:30-13:00 und 14:00-17:30, außerhalb der Hochsaison teilweise nur auf Anfrage

Vom Museum aus gehen Sie die 200 m erneut auf der Straße zurück und biegen dann rechts auf eine Schotterpiste ein ❸. Auch hier sind die Markierungen gut. Nach insgesamt 4 km kommen Sie zum höchsten Punkt dieser Tour ❹ und können von hier auf Canelas hinunterschauen. Die folgenden Kilometer der Wanderung sind sehr einfach und schon bald kommen Sie in das Dörfchen Vilarinho, wo Sie auch ein Restaurant finden.

✗ Paiva à Vista, Vilarinho – Canelas, direkt an der Landstraße R326-1, 4540-257 Arouca, ☏ +351 256 95 80 87, 💻 https://restaurante-paiva-a-vista.negocio.site, 🚪 täglich 7:30-22:30

Von Vilarinho geht es, den Markierungen folgend, weiter durch die Eukalyptusplantagen, bis Sie nach insgesamt 10 km zum Aussichtspunkt auf den Wasserfall Cascata das Aguieiras kommen.

Hier haben Sie eine herrliche Aussicht auf den Fluss Rio Paiva, den Wasserfall und das Gebirge im Hintergrund. Ein toller Platz, um eine Pause einzulegen.

Nach weiteren 1,5 km passieren Sie den Eingang der ehemaligen ⌘ Wolfram-Grube Mina do Pereiro ❺. Die Tunnel, die in die Grube hinunterführen, sind nicht verschlossen und wenn Sie eine Taschenlampe dabeihaben, können Sie sich in die Dunkelheit hineinwagen.

✋ Vorsicht ist jedoch stets geboten, da diese Tunnel nicht instand gehalten oder abgesichert werden.

Nachdem Sie die Gruben passiert haben, wird das Gelände zum ersten Mal auf dieser Wanderung schwieriger, denn jetzt geht es steil talwärts zum Fluss Paiva. Früher war die Passage am Fluss entlang der schwierigste Teil dieser Wanderung, im Jahr 2015 wurde jedoch ein hölzerner Gehsteig entlang des Flusses gebaut (☞ siehe Tour 15), was diesen Abschnitt zum wahrscheinlich attraktivsten der gesamten Tour macht. Auch wenn Sie nur einen Teil der hölzernen Passadiços do Paiva gehen, so müssen Sie in der Hochsaison und an sonnigen Wochenenden wahrscheinlich ein Ticket kaufen.

Haben Sie einen Hund dabei, müssen Sie hier auf die Straße ausweichen, da Hunde auf der Passadiços do Paiva verboten sind.

Sie folgen einfach der neu erbauten Passadiços do Paiva, bis Sie den kleinen Wasserfall Cascata da Estreitinha passieren und kurz darauf zum Badestrand Praia Fluvial do Vau kommen ❻.

Dieser kleine Strand ist perfekt für eine ausgedehnte Mittagspause. Bei gutem Wetter können Sie die Gelegenheit nutzen, um zu baden und sich zu sonnen. Während der Sommermonate gibt es hier auch eine kleine Bar, wo Sie Getränke, Eis und Snacks kaufen (ungewiss) können.

Vom Badeplatz aus gehen Sie etwas mehr als 1 km auf den hölzernen Brücken entlang, bis Sie beim Flüsschen Ribeiro de Canelas nach links abbiegen ❼ und sich vom Fluss Rio Paiva entfernen. Sie kommen, immer dem PR 9 folgend, an einigen alten Mühlen vorbei und dann über kleinere Wege durch Eukalyptusplantagen und später Felder in den Ort Canelas, wo diese Wanderung endet.

Die Kirche in Canelas

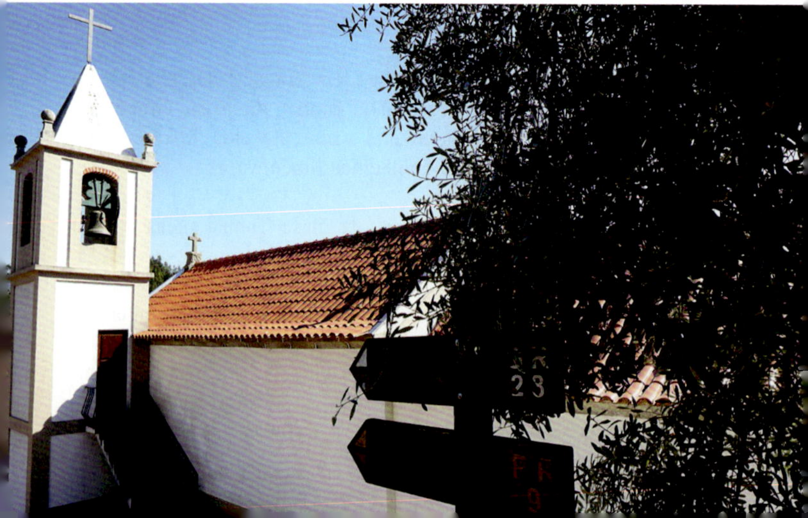

⑮ Der Panoramaweg Passadiços do Paiva

WC

Eine Panoramatour für Familien und Genießer

Der hölzerne Stieg, der sich auf 8 km Länge durch das Tal des Paiva-Flusses schlängelt, wurde im Sommer 2015 eröffnet. Ein solch kostspieliges Projekt ist für Portugal einmalig und deswegen enorm beliebt. Der Gehsteig hat sogar seine eigene App und kostet in der Hauptsaison Eintritt. Die Tickets sollten Sie sich bereits vor der Wanderung sichern.

Der Weg ermöglicht es, die Landschaft nahezu mühelos zu durchqueren und dabei stets eine hervorragende Aussicht über das Tal zu haben. Treppauf und treppab führt der Steig an Stromschnellen, Wasserfällen und Badestränden vorbei.

→ Start: großer Parkplatz am Fluss beim Dörfchen Espiunca, GPS N 40°59.583' W 008°12.746'; Ziel: der Parkplatz beim Badestrand Praia Fluvial do Areínho, GPS N 40°57.173' W 008°10.634'

9,6 km

3 Std.

↑ ↓ 415 m/338 m

⇧ 82-306 m

Die komplette Tour ist ein hölzerner Gehweg mit Handgeländer und hier gehen Sie garantiert nicht verloren, auch ohne GPS-Gerät und Karte.

Ein hölzerner Stieg und Treppen. Die Wanderung ist abschnittsweise schattig, aber an Sonnenschutz sollten Sie auf jeden Fall denken. Schwindelfreiheit oder Trittsicherheit sind nicht notwendig, es gibt auf der ganzen Strecke auf beiden Seiten ein Geländer. Etwas Ausdauer ist gut, falls Sie die gesamte Strecke hin- und wieder zurückgehen möchten.

In Espiunca liegt die Bar Recanto do Paiva abseits des Weges direkt am Fluss. Hier werden auch warme Mahlzeiten serviert. Am Badeplatz Praia Fluvial do Vau gibt es eine kleine Bar (km 4,4) und an der Praia Fluvial do Areínho am Ziel ein Café, die aber nur in der Hochsaison geöffnet haben. ☺ Eine Spezialität der Region sind die Steaks in Alvarenga, Bife de Alvarenga. Diese finden Sie in verschiedenen Restaurants des Dorfes, das gut 10 Min. mit dem Auto von Espiunca entfernt ist.

am Start, am Badestrand (km 4,3) und am Ziel

Badestrand (km 4,3)

WC am Badeplatz Praia Fluvial do Vau (km 4)

Eine für Kinder sehr gut geeignete Tour. Es gibt jede Menge spannende Momente – auch für kleinere Kinder. Die Länge und Dauer der Wanderung lassen sich individuell anpassen und es gibt mehrere Badeplätze und Stellen, wo Sie im Schatten eine Pause machen und die Kinder spielen können. Kinderwagen sind nicht gestattet.

Es ist untersagt, Hunde mit auf diese Wanderung zu nehmen.

In dieser Beschreibung verläuft die Wanderung von Norden nach Süden, es ist jedoch ebenso gut möglich, in die andere Richtung zu gehen. Denken Sie daran, dass Sie die gesamte Strecke auch wieder zurückgehen müssen, einen Bus gibt es nicht. Alternativ ist es aber natürlich möglich, ein Taxi zu nehmen (☏ +351 256 94 43 45, 💻 www.taxis-arouca.pt). Im Sommer können Sie auch an den Ticketschaltern nach einem Taxi fragen. Rechnen Sie mit höchstens € 15 für die Fahrt mit bis zu vier Passagieren,

P Am Startpunkt und am Zielpunkt wurden großzügige Parkplätze gebaut, im Sommer kann es trotzdem eng werden. Ein Tipp ist, vor 10:00 morgens hier zu sein. Ein weiterer Eingang zum Passadiço do Paiva findet sich beim Badestrand Praia Fluvial do Vau. Auch hier können Sie parken.

Die Wanderung verläuft über den hölzernen Passadiços do Paiva und Sie müssen in der Hochsaison und an sonnigen Wochenenden wahrscheinlich hierfür ein Ticket kaufen. Der springende Punkt ist hierbei nicht der Preis (€ 1 im Internet oder € 2 vor Ort), sondern die begrenzte Anzahl von Tickets pro Tag. Planen Sie diese Wanderung im Sommer, lohnt es sich auf jeden Fall, die Tickets vorher zu kaufen (auf 💻 www.passadicosdopaiva.pt), um auf der sicheren Seite zu sein. Wenn Sie den Weg auch wieder zurücklaufen möchten, gilt Ihr Ticket weiterhin.

☺ Das Unternehmen Lusorafting, mit Sitz am Startpunkt in Espiunca, bietet neben Rafting im Fluss Paiva auch Canyoning, Paintball und Klettern an. Ideal für alle, die z. B. die Stromschnellen des Flusses nicht nur aus sicherer Entfernung erleben wollen, 💻 www.lusorafting.pt.

Sie beginnen die Wanderung am Parkplatz in Espiunca, wo es einen Ticketschalter für den Passadiço do Paiva gibt. Die hölzerne Konstruktion, der Sie von nun an einfach folgen, führt Sie an mehreren Stromschnellen vorbei, die während der Wintermonate enorm viel Wasser führen können. Im Sommer ist der Fluss Paiva doch meistens sehr zahm.

Nach gut 4 km, also fast auf halbem Weg, kommen Sie zum Badeplatz Praia Fluvial do Vau ❶. Hier können Sie den Weg verlassen und sich im Schatten der Bäume am Strand ausruhen. Das Wasser eignet sich zwischen Mai und Oktober gut zum Schwimmen und Baden für die ganze Familie. Im Winter und Frühjahr ist die Wassertemperatur jedoch zu niedrig. Außerdem gibt es hier öffentliche Toiletten. Nahe dem Badeplatz gibt es eine ☕ kleine Bar, wo Sie im Sommer Erfrischungsgetränke und Kaffee kaufen können (keine Adresse, 🚪 ungewiss).

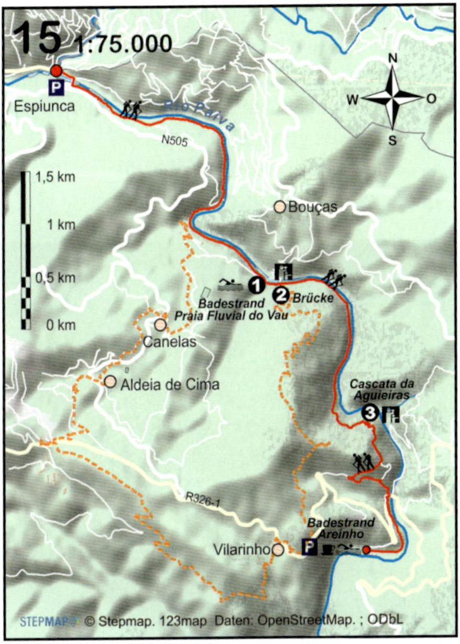

Sie wandern am Ende des Strandes weiter auf dem hölzernen Stieg. Nach 200 m kommen Sie zu einer Hängebrücke, die über den Fluss gespannt wurde ❷. Diese müssen Sie nicht überqueren, da der Gehweg stets auf der gleichen Seite des Flusses entlangführt. Die Brücke eignet sich aber hervorragend als Aussichtspunkt.

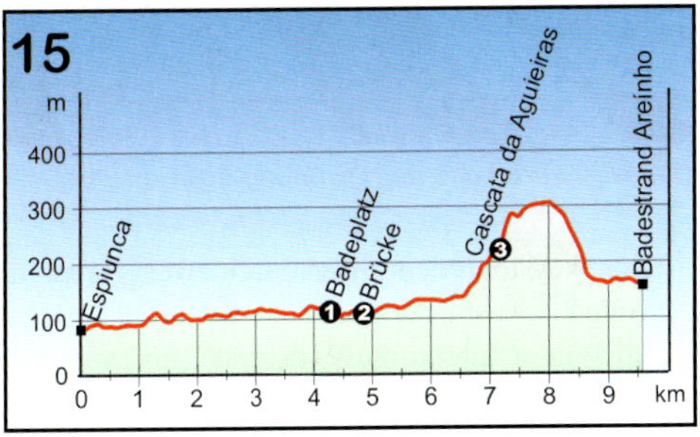

Im Sommer 2019 soll eine Brücke ganz anderer Dimensionen entlang der Passadiços do Paiva eröffnet werden. Eine transparente Metallkonstruktion von 480 m Läge soll in 150 m Höhe über dem Tal eine der längsten Hängebrücken der Welt werden. Diese ist dann wahrscheinlich nicht für Besucher mit Höhenangst zu empfehlen. Schon ohne die Hilfe dieses ambitiösen Bauprojekts haben die Passadiços do Paiva 2017 den Preis „Europe's Leading Tourism Development Project" bei den World Travel Awards gewonnen.

Aktuelle Informationen über dieses Projekt finden Sie auf der Homepage 💻 www.passadicosdopaiva.pt.

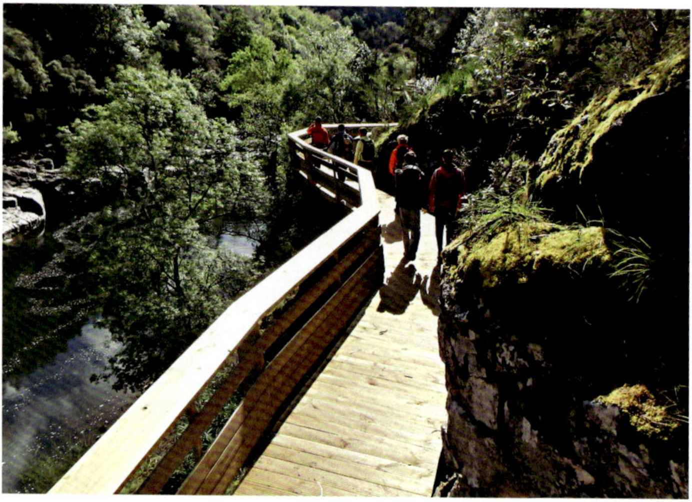

Der Weg kurz nach der Eröffnung 2015

Der Weg folgt dem Fluss durch zwei Kurven und Sie bekommen wundervolle Ausblicke über den Wasserfall Cascata da Aguieiras ❸.

Im Winter führen die Wasserfälle und auch der Fluss selbst viel mehr Wasser. Zwischen November und März ist es sehr still auf den Passadiços do Paiva. Sie werden auf geschlossene Cafés und Tickethäuschen treffen und wahrscheinlich keine anderen Wanderer sehen. Die Portugiesen besuchen die Sehenswürdigkeiten eigentlich nur in der Hochsaison und die ist, wenn es so richtig warm ist.

Kurz vor dem Ende der Tour in Areínho führt der Gehsteig über einen Hügel, was mit jeder Menge Treppen verbunden ist. Während die Wande-

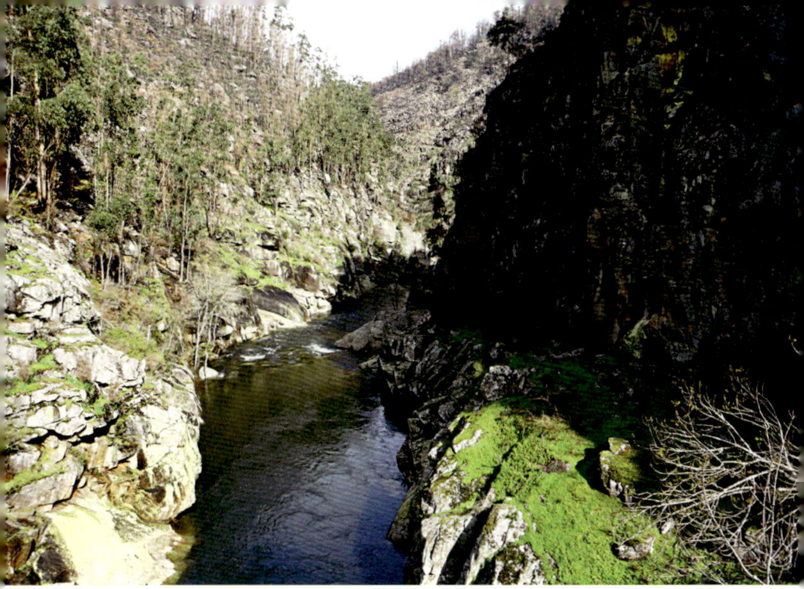

Der Fluss Paiva

rung bis jetzt nur kleinere Aufs und Abs geboten hat, können Sie hier richtig ins Schwitzen kommen.

Oben wartet ein weiterer fantastischer Ausblick auf Sie, bevor es in Richtung Areínho wieder treppab geht.

Der letzte Abschnitt ist dann einfach und flach. Diese Tour endet beim Badestrand Areínho, wo Sie im Sommer ein Café finden.

Areinho Bar, www.facebook.com/areinhobar, ungewiss

Von hier können Sie mit dem Taxi zum Startpunkt zurückkehren oder den bekannten Weg wieder zurücklaufen.

⑯ Das Dörfchen Couce, das Paläozoikum und der Blick über Porto

Eine stadtnahe Entdeckungstour für Naturliebhaber

Wenn Sie ganz in der Nähe Portos wandern möchten und trotzdem Lust auf ein richtiges Naturerlebnis haben, so empfiehlt sich die Serra de Santa Justa, die direkt östlich der Stadt liegt. Höhepunkte dieser Rundwanderung sind die Aussicht auf Porto und Umgebung, die Sie vom Gipfel des Berges haben, sowie das bejahrte Bergdorf Couce, in dem die Zeit stehen geblieben zu sein scheint.

Es gibt mehrere markierte Wanderwege in der Serra de Santa Justa, denen die hier beschriebene Wanderung abschnittsweise folgt.

- Start/Ziel: in der Rua de São João in Azenha, GPS N 41°10.391' W 008°28.720'
- 10,6 km
- 3 Std.
- 707 m/707 m
- 20-368 m
- Keine durchgehende Markierung; sie befinden sich hier auf verschiedenen markierten Wanderwegen! Es empfiehlt sich, dem GPS-Track zu folgen.
- Schmaler, steiniger Wanderweg und Forstwege. Ein wenig Ausdauer und Trittsicherheit werden Ihnen auf dieser Tour helfen, Schwindelfreiheit ist nicht notwendig.
- Keine Einkehrmöglichkeiten direkt am Weg. Verpflegung gibt es in Valongo, ansonsten natürlich im Überfluss im Großraum Porto.
- keine
- Für kleinere Kinder könnte die Wanderung zu lang sein. Ansonsten ist diese Tour durchaus familienfreundlich und es können im Wald wie auch im Dorf Couce jede Menge kleine Entdeckungen gemacht werden.
- Eine schöne Tour auch für Hunde, lediglich das Wasser ist etwas knapp. Erst wenn der Weg wieder zum Fluss Rio Ferreira hinunterführt, lässt sich etwas zu trinken finden.
- P Es ist möglich, am Startpunkt zu parken.

Nahe dem Startpunkt gibt es die Möglichkeit, entlang der schmalen Straße zu parken. Von der Straße gehen zwei Wanderwege ab und Sie nehmen den steileren, auf dem gleich zu Beginn das anstrengendste Stück der Wanderung auf Sie zukommt.

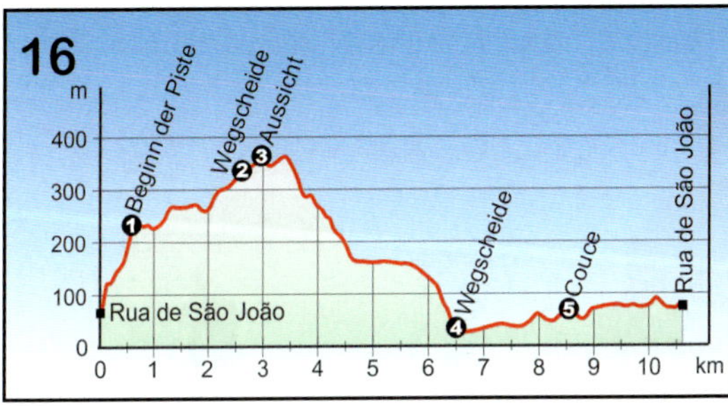

✋ Wenn es sehr intensiv regnet, könnte dieser Abschnitt rutschig sein, seien Sie also bei schlechtem Wetter vorsichtig.

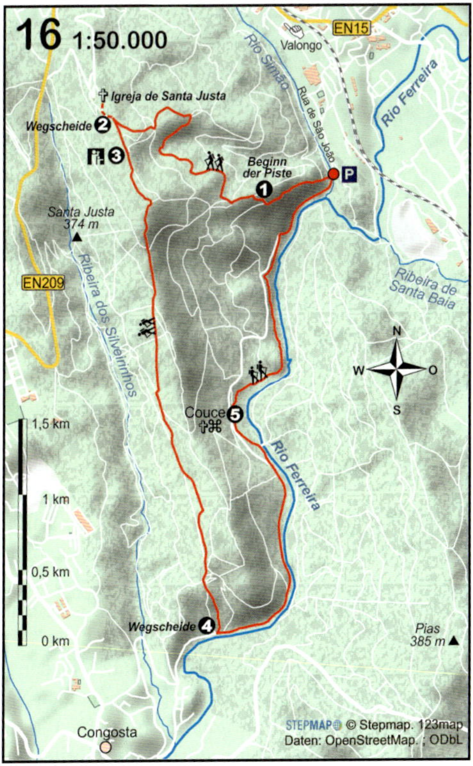

Nach 600 m ist das steilste Stück schon vorbei und von hier an geht es auf einer Forststraße weiter, der Sie in die Höhe folgen ❶. Nach nur 100 m teilt sich der Weg und Sie wählen den zweiten sandigen Forstweg nach rechts. Der breite und leicht zu gehende Weg schlängelt sich immer weiter den Berg hinauf. Sie folgen immer der gleichen

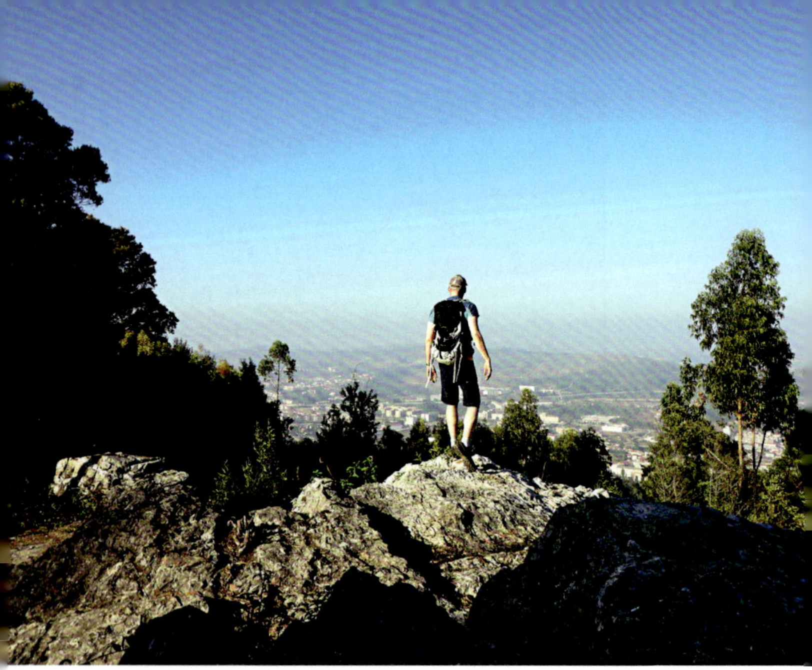

Aussicht von der Kirche

Schotterpiste, bis Sie nach insgesamt 2,6 km an eine scharfe Kurve kommen ❷.

↳ Wenn Sie an dieser Stelle einen kleinen Abstecher nach rechts machen, kommen Sie nach 100 m zur ✝ Kirche Igreja de Santa Justa.

Weiter geht die Wanderung jedoch nach links. Sie kommen an einem Telefonmast vorbei und wenige Hundert Meter später erreichen Sie einige Felsen, von denen Sie eine hervorragende Aussicht auf Gaia und Porto haben. Hier lohnt es sich, eine kleine Pause einzulegen und den Blick zu genießen ❸.

Nur 200 m nach dem Aussichtsplatz teilt der Pfad sich und Sie halten sich rechts. Jetzt geht es auf der kerzengeraden Sandpiste für die nächsten 3 km stetig bergab. Es gibt zahlreiche kleine Pfade, die Ihren Weg kreuzen, Sie setzen die Wanderung jedoch immer weiter geradeaus fort.

Wenn Sie schon fast wieder im Tal bei dem Fluss Rio Ferreira angekommen sind, haben Sie noch eine kleine Herausforderung vor sich, denn hier wird es noch mal richtig steil. Allerdings ist der Weg sehr breit und sandig und es besteht keinerlei Gefahr. Nur für die Knie ist dieser kleine Abschnitt der sonst sehr gemütlichen Wanderung ein bisschen anstrengender.

Einmal unten angekommen ❹ biegen Sie nach links ab und folgen einer breiten und flachen Straße, die Sie bis zum Dorf Couce führt. Wenn Sie das kleine Dorf erreicht haben, empfiehlt es sich, ↳ den kopfsteingepflasterten Weg zu verlassen und sich in den kleinen Gassen des Ortes umzusehen ❺. Das Dorf liegt zwischen den beiden Bergen Serra de Santa Justa (von dem Sie gerade kommen) und der Serra da Pia, nahe dem Fluss Rio Ferreira.

Im Dorf Couce gibt es unter anderem eine ⌘ römische Brücke und eine ✞ kleine Kapelle. Die eigentliche Sehenswürdigkeit des Dorfes sind jedoch die Häuser selbst. Viele von ihnen sind verlassen und die Natur holt sich diese Bauten langsam wieder zurück. Die meisten Gebäude wurden per Hand gebaut und und die Menschen haben sich beim Bau den verfügbaren Rohstoffen der Natur angepasst. So sind nicht alle Wände überall gleich hoch oder lang. Gebaut wurden die Häuser unter anderem aus Quarzit und Schiefer, das in nahe gelegenen Steinbrüchen abgebaut wurde.

Die Ursprünge des Dorfes sind nicht vollkommen geklärt, jedoch wurden Überreste von sogenannten Castro-Siedlungen gefunden, die von der Bevölkerung des Nordwestens der Iberischen Halbinsel vor der Ankunft der Römer genutzt wurden. Das Dorf existiert also schon seit mindestens 2.000 Jahren und eventuell sogar noch deutlich länger.

☺ Jeden Sommer findet an einem Wochenende im Juli oder August die Veranstaltung Couce em Festa statt. An diesen Tagen ist das Dorf voller Leben und Musik und regionale Spezialitäten werden angeboten.

Die Spuren des Erdaltertums in Valongo

Valongo (*vale* = Tal und *longo* = lang) ist für Geologen einer der spannendsten Plätze Portugals, um Spuren aus der Urzeit in Form von Fossilien zu finden. Das Tal lag während des Paläozoikums, dem ältesten der drei Erdzeitalter (vor 540-250 Millionen Jahren), unter dem Meeresspiegel.

Forschungen der Universität von Porto haben unter anderem ergeben, dass vor 470 Millionen Jahren ein Tsunami die Region erschütterte. Dies ist an Fossilien von Muscheln zu sehen, die weit oberhalb der damaligen Küste abgelagert wurden. Auch ist bekannt, dass vor 440 Millionen Jahren hier Eisberge herumtrieben. In dieser Zeit, lange bevor die Dinosaurier existierten, waren es vor allem Trilobiten, die das Meer beherrschten. Trilobiten sind eine ausgestorbene Art von Gliederfüßlern, die an enorme Asseln erinnern können.

Während die Fossilien sich vor allen Dingen in Höhlen und an Felswänden befinden und deswegen nicht so leicht ersichtlich sind, lässt sich die Flora und Fauna von Valongo einfacher erforschen. Hier gibt es unter anderem fleischfressende Pflanzen und kleine Amphibien, wie den Goldstreifen-Salamander, zu entdecken.

Im Jahr 1995 wurde der Parque Paleozóico de Valongo eröffnet. Dieser Park ist ein aus geologischer Sicht einzigartiges Gebiet, das sich durch seine enorme Geodiversität auszeichnet. Neben den Trilobiten aus dem Paläozoikum finden sich hier auch Überreste der römischen Bergbauaktivität, da man hier auf der Suche nach Gold und dem silbrig glänzenden Metall Antimon war. Im Besucherzentrum finden Sie unter anderem eine Ausstellung von Fossilien aus dem Tal.

🛈 Besucherzentrum, Rua de Santa Helena, 4440-592 Valongo, ☏ +351 911 10 16 30, ✉ dota@cm-valongo.pt, 🚪 das Zentrum hat keine festen Öffnungszeiten, sondern lässt sich für Gruppen ab 10 Personen buchen. Es werden auf Anfrage auch geführte Touren angeboten.

⌘ Im Museum von Valongo gibt es zeitweilig auch Ausstellungen, die sich mit der geologischen Vielfalt der Region auseinandersetzen. Das Museu Municipal findet sich im Zentrum des Ortes.

♦ Museu Municipal, Rua de São Mamede s/n, 4440-597 Valongo, ☏ +351 222 42 64 90, ✉ cultura@cm-valongo.pt, 🚪 Mo-Fr 9:00-12:30 und 14:00-17:30

⌘ **Die römischen Minen und die Höhlen von Valongo**: Wenn Sie daran interessiert sind, die 2.000 Jahre alten Minen zu erforschen und in eine der zahlreichen Höhlen hinabzusteigen, lässt sich der in Valongo ansässige Bergsteigerverein Alto Revelo empfehlen. Hier wird aktiv Höhlenforschung betrieben und es lassen sich auf Anfrage Aktivitäten für verschiedene Niveaus buchen. Neben den unterirdischen Forschungen bietet der Klub auch Kletterkurse und Wanderungen an.

♦ Alto Revelo – Clube de Montanhismo, Rua do Padrão 27, 4440-617 Valongo, www.altorelevo.org, geral@altorelevo.org

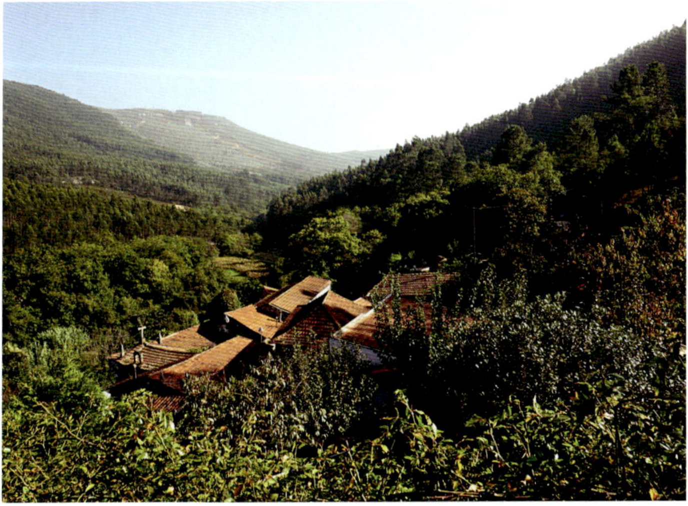

Das Dorf Couce

Von Couce aus haben Sie zwei Möglichkeiten: Sie können die Wanderung auf der breiten Straße, der Corredor Ecológico, auf der Sie in das Dorf gekommen sind, fortsetzen oder noch eine Weile auf einem schmaleren Pfad direkt am Fluss entlang gehen. Beide Wege treffen nach etwas mehr als 1 km wieder aufeinander.

Auf der breiten, kopfsteingepflasterten Piste Corredor Ecológico führt der Weg zurück bis an den Ausgangspunkt Ihrer Wanderung.

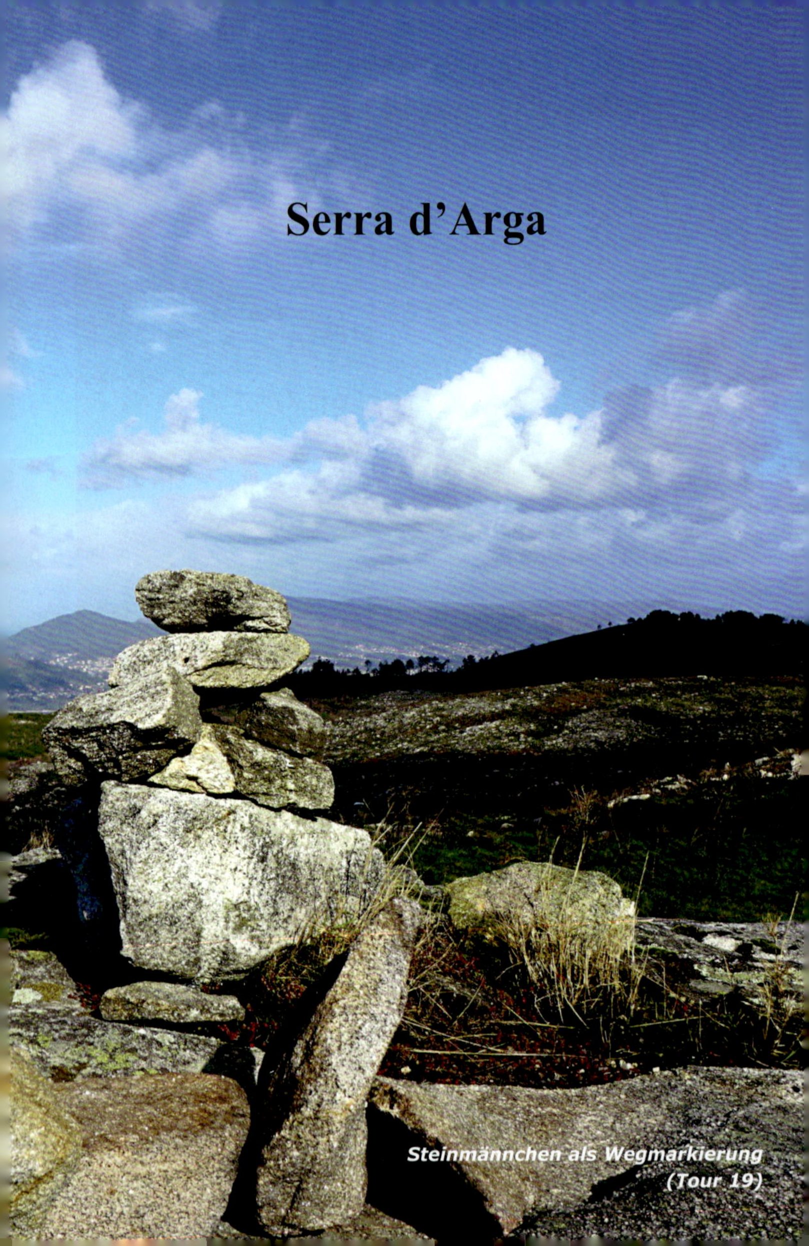
Serra d'Arga
Steinmännchen als Wegmarkierung
(Tour 19)

17 Vom Dorf Pedrulhos auf den Gipfel des Pedra Alçada

Eine Bergwanderung für Naturliebhaber

Diese Tour führt Sie durch das Herz der kargen Serra D'Arga und auf den Gipfel des Berges Pedra Alçada, mit 742 m der höchste Punkt der Gemeinde von Caminha. Auf dem Gipfel erwartet Sie eine grandiose Panoramaaussicht über das Meer und die Mündungen der Flüsse Minho und Coura. Hier bekommen Sie das seltene Gefühl, hoch in den Bergen und gleichzeitig in einer maritimen Umgebung zu sein.Die Wanderung ist nicht markiert, verläuft jedoch auf Pfaden, denen Sie ohne Mühe folgen können. Die Verwendung des zur Verfügung gestellten GPS-Tracks wird jedoch empfohlen.

Start/ Ziel: Parkmöglichkeit im Zentrum des Dorfes Pedrulhos, GPS N 41°48.885' W 008°45.277'

12,6 km

4 Std. 40 Min.

645 m/645 m

265-748 m

Es gibt keine offizielle Markierung, jedoch abschnittsweise kleine Steinmännchen entlang des Weges.

Steinige Wanderwege, Forstweg und Asphalt. Ausdauer und Trittsicherheit sind von Vorteil, um diese mittelschwere Tour vollends zu genießen. Schwindelfreiheit ist nicht notwendig. Nehmen Sie besonders an warmen Tagen Sonnenschutz mit.

Im Dorf Boucinha finden Sie das einfache und günstige Café Sobreiro (km 9). Nehmen Sie besonders an warmen Tagen ausreichend zu trinken mit.

keine

Eine schöne Bergtour für etwas größere Kinder, die gerne wandern gehen. Highlights sind das Herumklettern auf den spannenden Felsformationen und sicherlich auch die Möglichkeit, in Boucinha ein Eis zu essen.

Sie können einen Hund mitnehmen, aber die Wanderung ist recht steinig und es gibt, zumindest im Sommer, kaum Wasser entlang der Strecke.

Der beste Ausgangspunkt für die Serra D'Arga ist die belebte Hafenstadt **Viana do Castelo**, die Sie von Porto unkompliziert mit dem Zug erreichen können. Wenn Ihnen der Sinn eher nach einem kleineren Fischerdorf steht, so können Sie noch einige Stationen weiter bis nach Afife, Vila Praia de Âncora oder Moledo fahren (www.cp.pt > Linha do Minho). Um zu den Startpunkten der Wanderwege 17 bis 19 zu kommen, müssen Sie aus dem jeweiligen Ort dann allerdings ein Taxi nehmen.

P Am Startpunkt in Pedrulhos ist es möglich, an einem steinernen Kreuz zu parken. Die Autobahn A28 ist ganz in der Nähe und Sie erreichen Pedrulhos unkompliziert, wenn Sie die Autobahnabfahrt Arga São João/Dem nehmen.

Der Startpunkt der Wanderung ist die Parkmöglichkeit im kleinen Dorf Pedrulhos, das nördlich der Hafenstadt Viana do Castelo, im Gebirgszug Serra D'Arga liegt.

Von hier aus nehmen Sie die Piste in östlicher Richtung und beginnen langsam den Aufstieg auf den Gipfel. Nach 300 m verlassen Sie die breitere Schotterstraße zugunsten eines schmaleren Stiegs, der nach Osten abbiegt ❶. Kurze Zeit später kommen Sie an einem kleinen Wasserfall vorbei, der im Spätsommer jedoch ausgetrocknet sein kann. Direkt hinter diesem teilt sich der Weg und Sie setzen die Wanderung weiterhin geradeaus fort. Je höher Sie kommen, desto schöner werden die Ausblicke auf die raue, steinige Landschaft rundherum.

Mit etwas Glück können Ihnen hier Garranos, die **Wildpferde** der Serra D'Arga, begegnen. Zusammen mit den Lusitanos und Sorraias machen sie die drei anerkannten portugiesischen Pferderassen aus. Diese kräftigen Gebirgsponys ähneln den Pferden, die auch bei Höhlenmalereien auf der Iberischen Halbinsel zu sehen sind, und es ist davon auszugehen, dass die Garranos sich über Jahrtausende kaum mit anderen Rassen gemischt haben. In Portugal können Sie diese faszinierenden Tiere vor allem im Nationalpark Peneda-Gerês und eben hier in der Serra D'Arga finden. Auch wenn die Herden wild sind und frei in den Bergen herumlaufen, so sind viele trotzdem in Privatbesitz. Ihre größte Bedrohung in der Wildnis sind die Wölfe der Region.

Sind Sie daran interessiert, auf einem Garrano zu reiten, so ist Equi Desafios im Dorf Campo do Gerês im Nationalpark Peneda-Gerês zu empfehlen, www.equidesafios.com.

Nach insgesamt 1,8 km teilt sich der Weg und Sie folgen dem Pfad, der zu einem rot-weißen Strommast führt. Sie laufen daran vorbei und verlassen den Weg an dieser Stelle ❷. Sie folgen stattdessen einem kleinen Pfad

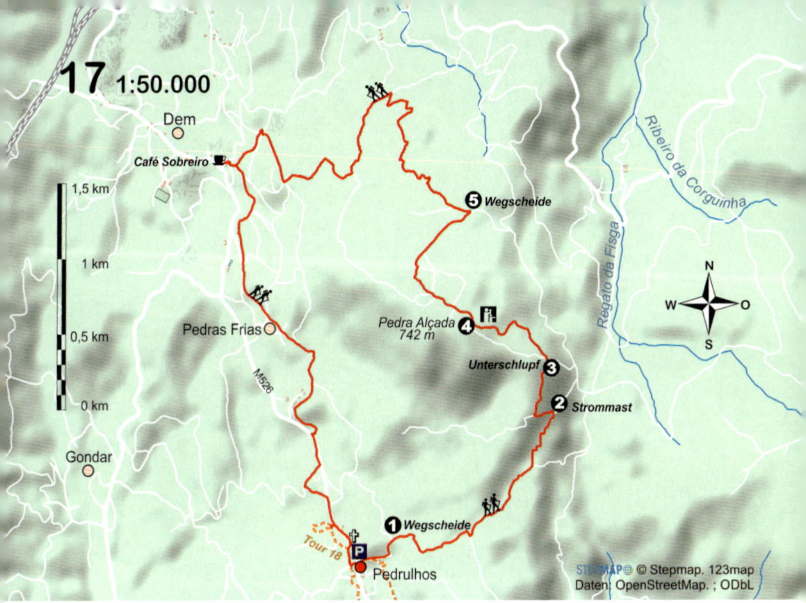

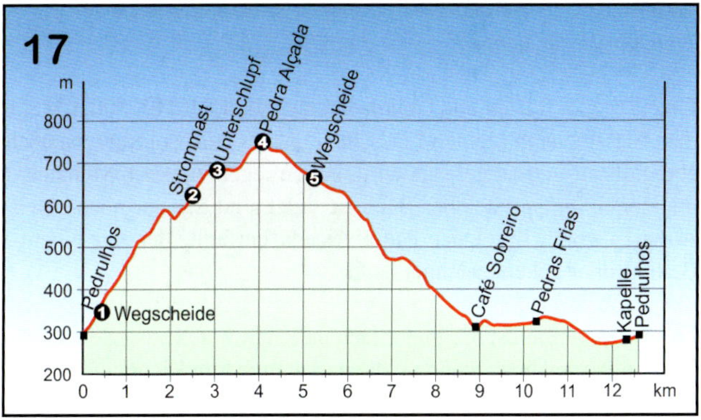

nach links, der sich recht steil auf den Berg hinaufschlängelt. Wenn Sie an dieser Stelle weiter geradeaus gehen, kommen Sie auf eine Forststraße, die Sie ebenfalls auf den Gipfel führt, allerdings einen kleinen Umweg macht.

600 m nach der Abzweigung am Strommast führt die Wanderung Sie zu einem versteckten Hohlraum unter zwei großen Felsen, der von Hirten seit

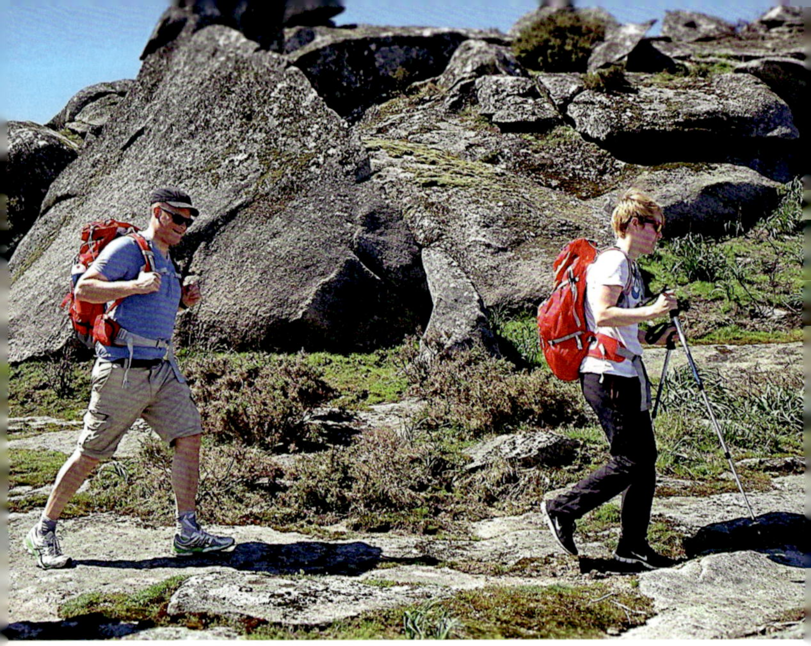

Wandern in der Sonne

Urzeiten zum Rasten und Übernachten genutzt wird ❸. 500 m weiter kommen Sie zu einem kleinen Flüsschen, das im Hochsommer wahrscheinlich ebenfalls ausgetrocknet sein wird, in den regenreicheren Monaten des Jahres jedoch ein sprudelnder Bach ist. Jetzt sind Sie nur noch einen kurzen Aufstieg vom Gipfel der Pedra Alçada entfernt, der mit einem weißen Betonpfeiler gekennzeichnet ist ❹.

Der Gipfel ist breit und flach und eignet sich ausgezeichnet, um eine längere Pause einzulegen und die Aussicht in alle Richtungen zu genießen. Von hier können Sie bei klarem Wetter die Grenze zu Spanien und verschiedene Ortschaften entlang des Meeres sehen. Schön ist auch, dass es von hier an nur noch talwärts geht.

Vom Gipfel beginnt der Abstieg auf der breiten Schotterpiste, bis Sie nach ca. 800 m nach links auf einen kleinen Wanderweg abbiegen ❺. Im Winter und nach starkem Regen kann der Pfad teilweise unter Wasser stehen, die meiste Zeit des Jahres ist hier Trockenheit jedoch eine größere Gefahr als zu viel Niederschlag.

Nach insgesamt rund 8 km Wanderung treffen Sie erneut auf eine breite Sandpiste. Falls Sie die Wanderung ein wenig abkürzen wollen, können Sie hier nach Süden abbiegen und treffen dann im Dörfchen Pedras Frias wieder auf die hier beschriebene Route. Ansonsten setzen Sie Ihre Wanderung nach Norden fort und kommen nach 300 m zu einem kleinen Weiher. Hier biegen Sie nach Südwesten ab und wenige Hundert Meter später befinden Sie sich im Ortsteil Boucinha des Dorfes Dem.

Ohne Umwege erreichen Sie das Café Sobreiro (keine genaue Adresse, ungewiss), indem Sie nach rechts in den Ort einbiegen.

Vom Café aus gibt es die Möglichkeit, auf der Straße M526 direkt in Richtung Pedrulhos zu gehen oder einen kleinen Umweg an einigen alten Mühlen vorbei zu machen. Dafür gehen Sie den gleichen Weg, den Sie gekommen sind, 100 m zurück und biegen dann nach rechts ab. Nach 50 m biegen Sie nach rechts auf einen kleinen Pfad ab, der einem Bach folgt. Entlang des Baches gab es früher einmal Mühlen, wovon heute noch einige steinerne Hütten übrig sind. An mehreren Abzweigungen halten Sie sich dann rechts, bis Sie nach weiteren 200 m wieder in das Dorf zurückgelangen.

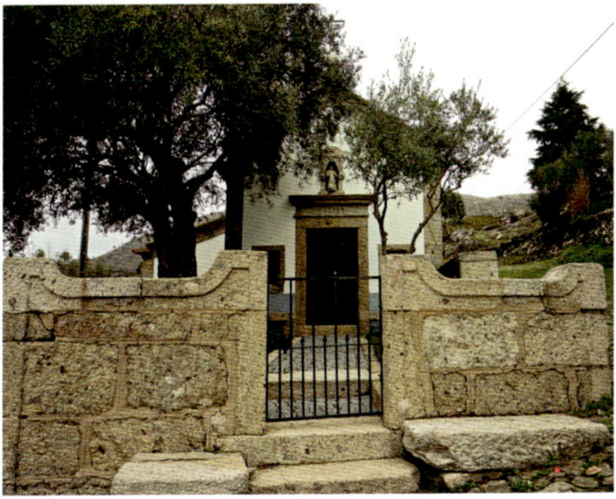

Die Kapelle in Pedrulhos

Nehmen Sie dann hinter Boucinha die Straße Rua do Vale Vermelho, die Sie durch die kleine Ortschaft Pedras Frias und dann wieder auf die M526 führt, wo Sie nach links abbiegen. Am Ortseingang von Pedrulhos kommen Sie an der hübschen, kleinen Kapelle vorbei und sind wenige Minuten später wieder am Ausgangspunkt Ihrer Wanderung.

18 Der Weg des Sonnenuntergangs

Eine angenehme Wanderung für Natur- und Kulturbegeisterte

Diese Rundwanderung in der Serra D'Arga, nördlich der Stadt Viana do Castelo, ist abwechslungsreich und bietet eine interessante Natur, schöne Aussichten und auch Bademöglichkeiten (km 7,5). Die Wanderung eignet sich am Besten für die Sommermonate, da der Fluss Rio Âncora überquert werden muss und im Sommer ist dieser eher ein Flüsschen mit warmem, türkisem Wasser. Zwischen November und März kann dies aber ganz anders aussehen, vor allem nach starkem Regen. Sehr zu empfehlen ist ein Besuch im Restaurant Caçana, das sich im Dörfchen Espantar (zu Deutsch: verblüffen) befindet. Das Restaurant ist sehr beliebt und bietet diverse lokale Spezialitäten.

Start/Ziel: Picknickplatz beim Dorf Montaria, GPS N 41°47.759' W 008°44.012'

10,1 km

3 Std.

416 m/416 m

145-374 m

die offizielle PR-Markierung des PR 4 Trilho do Pôr-do-Sol: rot-gelbe Streifen

Schmale, steinige Wanderwege, Forstweg und Asphalt. Für die Wanderung ist keine Schwindelfreiheit von Nöten, auf den steileren Abschnitten aber ein wenig Trittsicherheit, besonders wenn es geregnet hat. Ausdauer brauchen Sie nicht besonders viel, an außergewöhnlich warmen Tagen kann aber auch eine relativ kurze Wanderung anstrengend werden. Dann ist es besonders wichtig, an genug Wasser und Sonnenschutz zu denken.

Im Dorf Espantar findet sich das traditionelle und sehr beliebte Restaurant Caçana (km 8,7).

keine

im Fluss (km 7,5)

Eine abwechslungsreiche Tour, die sich für Kinder eignet, die schon 3 Std. lang wandern können. Im Sommer bietet sich der Fluss Rio Âncora zum Baden und Spielen an.

Für Hunde geeignet. Entlang der Strecke gibt es mehrere Möglichkeiten zum Trinken und Abkühlen. In den Dörfern gibt es Wachhunde und Hütehunde, die zum Teil auf andere Hunde reagieren können. Halten Sie hier Ihren Hund an der Leine.

Tour 17

P Am Startpunkt ist es möglich, zu parken.

☺ In Montaria gibt es seit 2016 das Unternehmen Descubra Minho, bei dem Sie geführte Wanderungen (zum Teil mit Eseln, die als Lastentiere dienen oder auf denen die Kinder reiten können) und Fahrradtouren buchen können. Auch verschiedene Unterkünfte werden angeboten, 💻 www.descubraminho.pt/en.

Die Wanderung beginnt an einem kleinen Park mit Picknicktischen, wo es auch Parkmöglichkeiten gibt. Von hier an können Sie der Markierung folgen, die im Jahre 2015 erneuert wurde. Ein Wanderweg führt Sie an einem kleinen Bach entlang nach Norden, bis der Weg sich nach 1 km teilt und Sie nach links abbiegen. Nach kurzer Zeit biegen Sie nach rechts auf einen Forstweg, der sich erneut teilt und Sie halten sich abermals links. Von diesem Punkt aus haben Sie eine schöne Panoramaaussicht ❶ und jetzt folgt ein langsamer Abstieg.

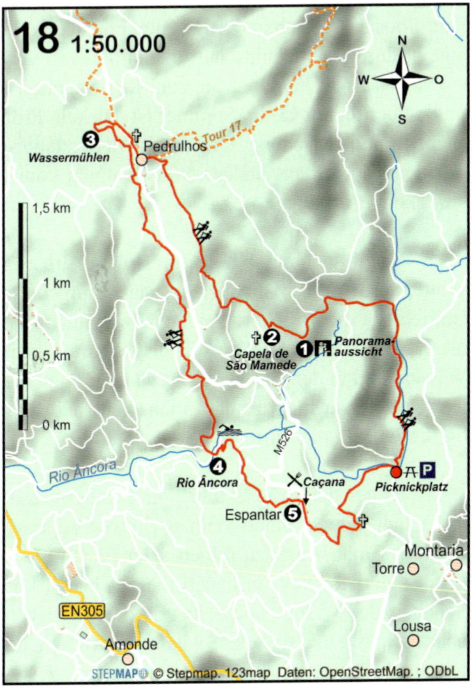

Nach insgesamt 2,3 km kommen Sie zur Kapelle Capela de São Mamede ❷.

Weiter geht es zu einem Kruzifix an einer Kreuzung, an der Sie in den schmaleren Pfad nach Nordwesten einbiegen. Dieser wird nach kurzer Zeit erneut zu einer Schotterpiste und führt Sie nach rechts in das Dörfchen Pedrulhos. Sie folgen weiterhin den Markierungen des PR 4, die Sie durch das Dorf leiten. Sie passieren der Reihe nach

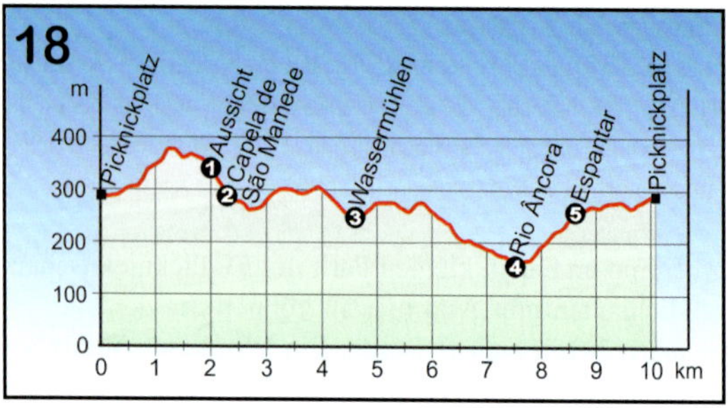

eine Quelle, die Kapelle ✞ Capela de São Francisco, die Sonnenuhr von Pedrulhos und zwei Wassermühlen ❸.

Nach insgesamt 5,4 km Wanderung lassen Sie die Häuser des Dorfes Pedrulhos hinter sich und folgen nun erneut einem Wanderweg in den Wald hinein, durch Heidelandschaft und an Feldern vorbei.

Nach 7,5 km kommen Sie zum Rio Âncora hinunter, den Sie an dieser Stelle überqueren ❹. Im Sommer ist das kein Problem und sogar eine sehr angenehme Erfrischung. Oft ist der Wasserstand sogar so niedrig, dass Sie trockenen Fußes ans andere Ufer kommen können. Im Fluss können Sie hier auch baden.

Es gibt auch eine hölzerne Brücke, die zwar recht neu, nach einem Wintersturm jedoch schon recht stark mitgenommen ist. Es ist nicht zu empfehlen, die Brücke zu nutzen, was auch der Grund ist, warum sich diese Wanderung vor allem für den Sommer empfiehlt. Im Winter ist der Wasserstand in den Flüssen generell höher und die Temperatur von Wasser und Luft ist so niedrig, dass man nicht unbedingt Lust hat, durch einen hüfttiefen Fluss zu furten.

Hinter der Brücke führt der Wanderweg direkt vom Fluss weg, es lohnt sich jedoch, einen kleinen Umweg zu machen und dem Wasser ein wenig stromaufwärts zu folgen. Hier finden Sie mehrere kleine Wasserfälle und Becken, in denen Sie gut baden können. Der Fluss liegt im Schatten des Waldes und selbst an den wärmsten Tagen ist es hier angenehm schattig und das klare Wasser ist erfrischend. An der Forststraße treffen Sie dann wieder auf Markierungen.

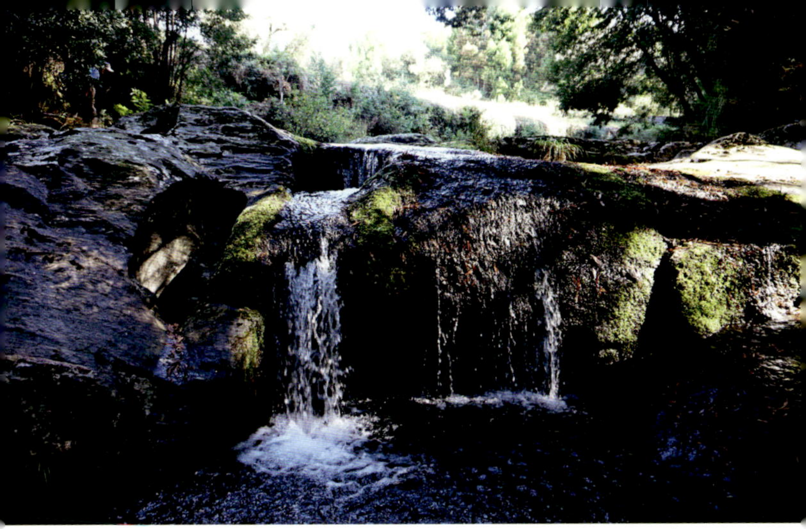

Entlang des Rio Âncora

Unabhängig davon, ob Sie den Umweg am Fluss entlang gegangen sind oder der Markierung gefolgt sind, kommen Sie erneut auf einen Forstweg (falls Sie vom Fluss kommen, treffen Sie hier wieder auf den Wanderweg), der Sie in das Dorf Espantar führt ❺. Die Markierungen leiten Sie durch das Dorf.

Hier finden Sie das sehr zu empfehlende Restaurant ✕ Caçana, perfekt für ein Mittagessen.

✕ Caçana, Estrada de Espantar N°1085 Montaria, 4925-481 Viana do Castelo,
☏ +351 969 18 83 04, Mi-Mo 10:00-24:00, Di Ruhetag

Kurz nach dem Restaurant kommen Sie auf der Hauptstraße an der kleinen steinernen Kabine mit einer Metalltür vorbei, die die Uhr Relógio de Espantar beherbergt. Auf dieser auch im Dorf extra ausgeschilderten Uhr ist es immer 10:14.

Bevor der Kreis sich wieder schließt und Sie an den Picknickplatz zurückkommen, passieren Sie bei km 9,4 die ✝ Kapelle Capela do Senhor do Socorro und kommen kurz vor dem Ende der Wanderung erneut zum Fluss Rio Âncora, wo es noch einen kleinen Wasserfall zu bestaunen gibt. Anschließend erreichen Sie wieder den Ausgangspunkt der Tour.

⑲ Berge und Meer in Caminha und Moledo

Eine Rundwanderung für Naturliebhaber

Diese abwechslungsreiche Wanderung führt Sie vom Ort Caminha, an der Grenze zu Spanien gelegen, zu den felsigen Gipfeln der nordwestlichsten Ecke Portugals. Von hier bekommen Sie eine atemberaubende Aussicht über den Grenzfluss Minho, das Meer und die bergige Landschaft Nordspaniens. Die Tour führt Sie schließlich zu dem beliebten Badeort Moledo, wo Sie sowohl Restaurants als auch Bademöglichkeiten finden. Durch einen herrlichen Wald geht es zurück zum Ausgangspunkt am Campingplatz von Caminha, der sich gleichzeitig auch als Unterkunft empfehlen lässt.

Start/Ziel: der Campingplatz von Caminha, GPS N 41°51.982' W 008°51.481'

19,7 km

6 Std.

1.125 m/1.125 m

0-422 m

Die offizielle PR-Markierung des PR Por entre Mar e Montanha: rot-gelbe Streifen. Die Markierung ist abschnittsweise nicht so gut und es lohnt sich, das GPS-Gerät mitzunehmen.

Asphalt, sandiger Forstweg, schmalere Wanderwege und Strand. Für diese Wanderung benötigen Sie Ausdauer und etwas Trittsicherheit, jedoch keine Schwindelfreiheit.

Foz do Minho (km 0,9), zahlreiche weitere Einkehrmöglichkeiten in Moledo (km 17,3 bis 17,8) und abseits des Weges weitere in Caminha.

Picknicktisch (km 5)

bewachte Badezone (km 17,6)

Eine abwechslungsreiche Tour, die sich für älteren Kinder, die schon 6 Std. am Stück wandern können, eignet. Im Sommer bietet sich das Meer natürlich zum Baden oder Planschen an.

Entlang der Strecke gibt es kaum Möglichkeit zum Trinken. Der Untergrund besteht vor allem aus sandigen Pisten und auch Asphalt. Die Strecke ist daher nur bedingt für Hunde geeignet.

Tour 17

Am Startpunkt ist es möglich, zu parken.

Vom Campingplatz folgen Sie der Straße 100 m nach Norden und gehen nach rechts an der Promenade des Flusses Minho entlang. Sie kommen am ✕ Restaurant Foz do Minho vorbei und danach biegt die Promenade wieder nach Norden ab.

✕ Restaurant Foz do Minho, 4910-605 Vilarelho-Caminha, ☏ +351 258 92 17 84, täglich 12:00-22:00

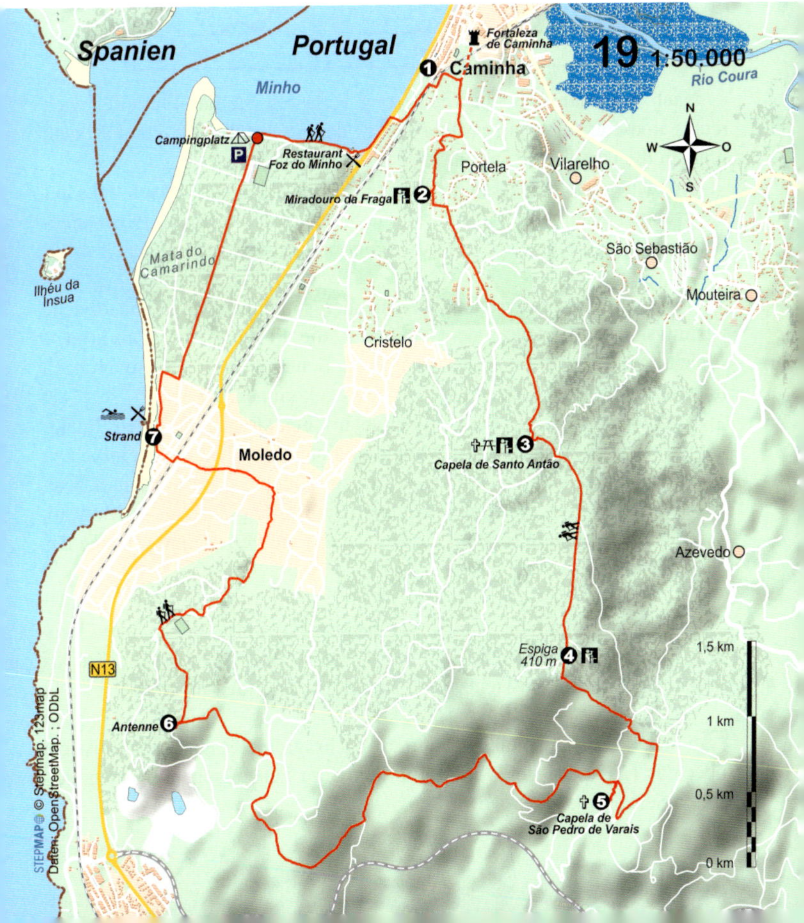

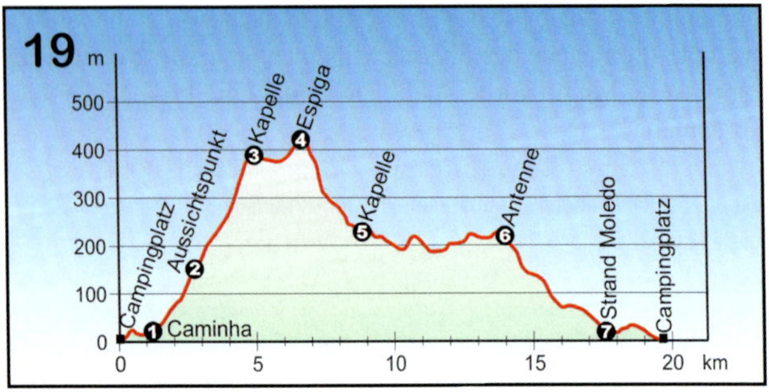

Nach insgesamt 1,3 km Wanderung verlassen Sie das Flussufer nach rechts und folgen wenige Meter später der Straße Rua de Pombal nach links in die Ortschaft Caminha ❶.

Sie biegen nach rechts in die Rua da Cabana ab und dann nach links auf die Treppe Escadinhas do Calvário, die Sie in die Höhe bringt. Oben angekommen folgen Sie der Rua Nossa Senhora da Graça nach Süden.

Machen Sie einen kleinen Abstecher, so können Sie die historische Festungsanlage Fortaleza de Caminha – die **Festung von Caminha** – besichtigen. Biegen Sie an der Rua Nossa Senhora da Graça einfach nach links anstatt nach rechts, um zur Festung zu kommen.

Mit Hinblick auf die Lage an der spanischen Grenze, über dem Punkt, wo der Atlantik und der Fluss Minho aufeinandertreffen, ist es einfach zu verstehen, dass dies ein wichtiger strategischer Punkt des Militärs war. Diese Festung war zusammen mit den Befestigungsanlagen in Monção, Valença und Viana do Castelo die hauptsächliche Verteidigungsanlage des Nordens Portugals.

Sie laufen entlang der Rua Nossa Senhora da Graça, bis Sie in die Straße Rua Sinal dos Mareantes abbiegen und 100 m später auf die Rua da Fraga, die Sie zum Aussichtspunkt Miradouro da Fraga führt ❷.

Der Aussichtspunkt Miradouro da Fraga bietet eine tolle Aussicht über das Flussdelta des Minho und den Berg Santa Trega auf der galicischen Seite.

☺ Wenn Sie Zeit haben, lohnt es sich auf jeden Fall, auch diesen Berg zu erforschen – zu Fuß oder mit dem Auto. Es gibt nämlich sowohl einen Wanderweg als auch eine Straße bis auf den Gipfel. Weit oben liegt ein Castro, ein steinernes Dorf aus der Zeit vor der römischen Besatzung. Auch ein Restaurant gibt es an diesem Platz, der wahrscheinlich einer der windigsten der gesamten Region ist.

Weiter geht es ein kleines Stück hinter dem Aussichtspunkt auf der Rua de Santo Antão nach rechts und stetig aufwärts, bis Sie nach insgesamt 5 km Wanderung die ✞ Kapelle Capela de Santo Antão erreichen ❸. Hier finden Sie einige ⛩ Picknicktische, die im Schatten eines kleinen Haines stehen. Auch die Kapelle ist nett anzusehen, frisch renoviert und mit einem endlosen Blick über das Meer unter Ihnen.

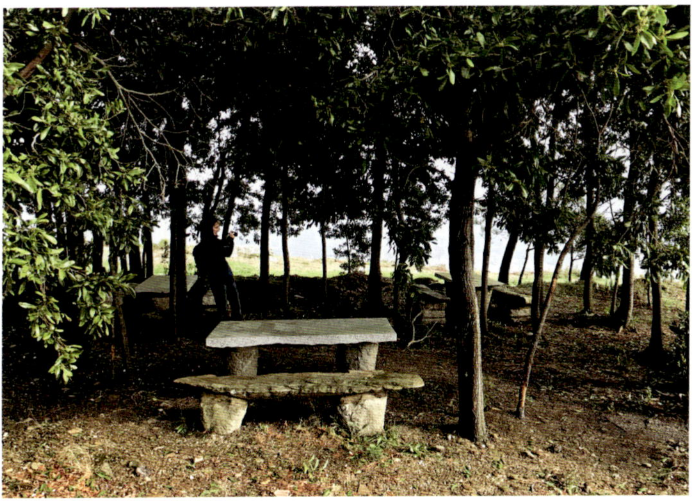

Rastplatz bei der Kapelle

Von der Kapelle gehen Sie auf die drei Windenergieanlagen zu, die auf dem Gipfel des Berges stehen. Haben Sie diese erreicht, so sind Sie am höchsten Punkt der heutigen Tour angekommen ❹.

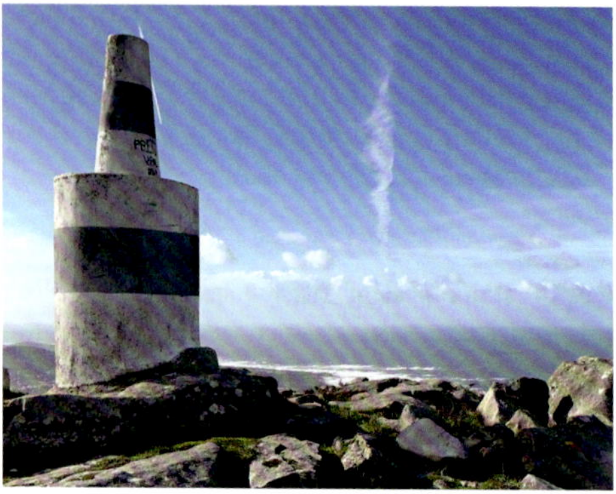

Am höchsten Punkt

Ein trigonometrischer Punkt weist auf den Gipfel mit Namen Espiga hin.

Sie folgen den Markierungen und biegen am Ende der breiten Schotterpiste nach links ab. Es geht bergab, zunächst auf einem Wanderweg und dann auf einer Forststraße. Folgen Sie den Markierungen.

Nach insgesamt 8,7 km kommen Sie zur in der Romantik erbauten ✞ Kapelle Capela de São Pedro de Varais ❺. Das genaue Jahr, in dem die Kapelle erbaut wurde, ist nicht bekannt, doch sie stammt wahrscheinlich aus dem 12. oder 13. Jahrhundert.

Von der Kapelle kehren Sie rund 100 m zurück zu der Forststraße, auf der Sie gekommen sind, und biegen nach links und halten sich an die Markierungen. 2 km hinter der Kapelle teilt der Weg sich und Sie halten sich links. Von hier an geht es nicht mehr ausschließlich talwärts, sondern die Piste verläuft hügelig.

Wenn Sie insgesamt 14 km gewandert sind, teilt sich der Forstweg erneut vor einer hohen Antenne ❻. Hier biegen Sie nach rechts ab und nähern sich der Ortschaft Moledo. Sie folgen der Straße Rua do Prado und dann der Avenida Dantas Carneiro nach links zum Strand von Moledo ❼.

Auf dem Weg zum Strand kommen Sie an einem Dutzend Cafés und Restaurants vorbei. Auch entlang der Strandpromenade gibt es mehrere Möglichkeiten, um etwas Erfrischendes zu trinken oder zu Mittag zu essen.

Wahrscheinlich muss hier nicht extra darauf hingewiesen werden, aber der Strand von Moledo eignet sich natürlich hervorragend, um hier sein Badetuch auszubreiten und sich zu entspannen. Hier können Sie auch gut baden und im Sommer gibt es Sonnenschirme und Liegen zu mieten.

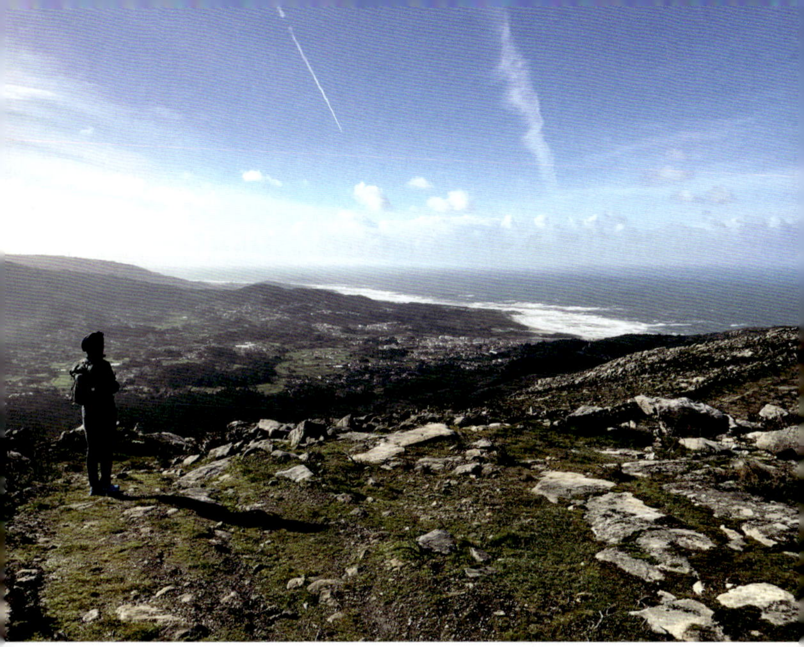

Aussicht vom höchsten Punkt der Wanderung

Vom Strand von Moledo aus haben Sie zwei verschiedene Möglichkeiten: Wandern Sie entweder entlang der Küste in Richtung Norden, bis Sie an den Fluss Minho kommen, oder folgen Sie dem markierten Wanderweg. Bei starkem Seegang, vor allem im Winter, kann der Strand bei Hochwasser nahezu vollständig überspült sein. In diesem Fall sollten Sie natürlich lieber nicht am Ufer entlang gehen. Abgesehen davon ist diese Wanderung jedoch ganzjährig eine zu empfehlende Alternative.

Der markierte Weg verlässt die Strandpromenade durch die Straße Rua da Fontela und Sie biegen direkt darauf nach links in einen Waldweg, der Sie für den Rest der Strecke durch den Wald Mata de Camarido führt, bis Sie wieder bei dem Campingplatz ankommen.

Serra da Estrela und Zusatztour

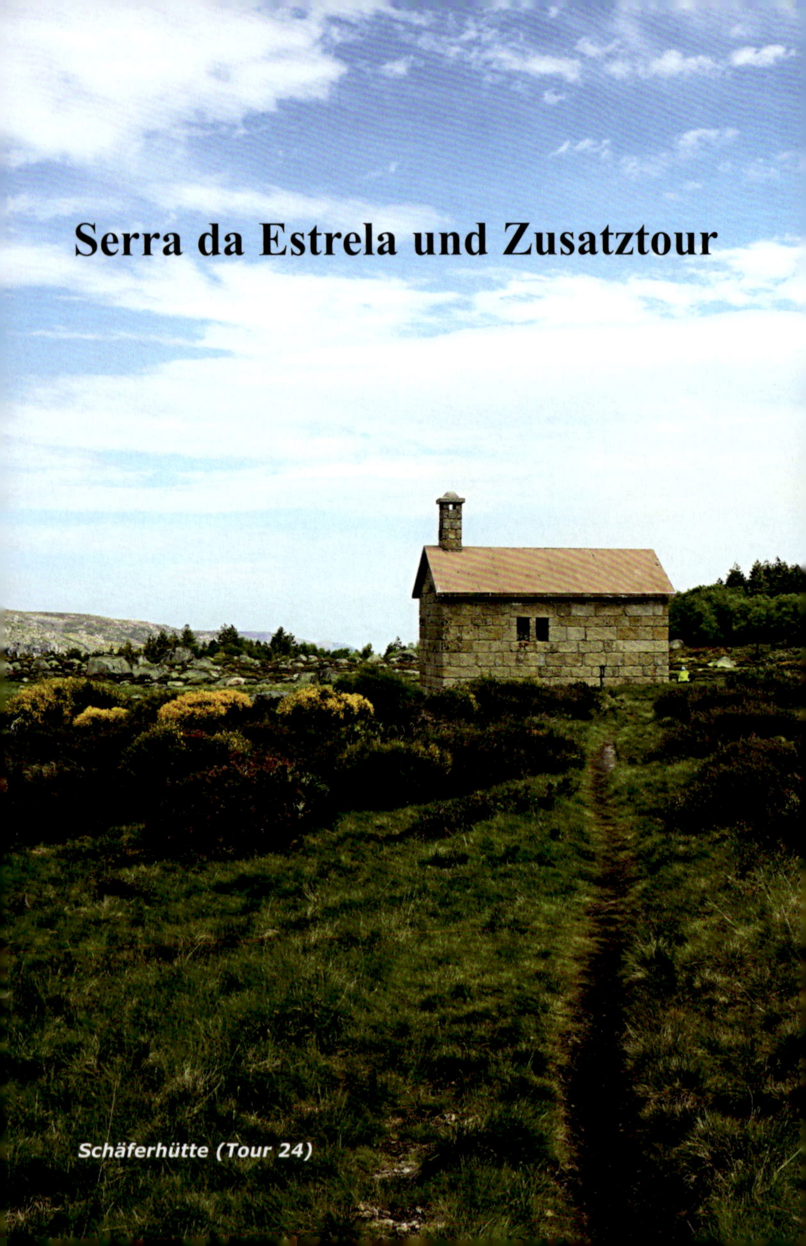

Schäferhütte (Tour 24)

20 Vom Vale de Rossim zum Gletschertal Nave da Mestra

Eine Tour für Naturliebhaber

Diese Wanderung führt Sie in eine bildschöne und abgelegene Gegend der Serra da Estrela. Vom Stausee Represa de Vale Rossim, wo der höchstgelegene Badestrand Portugals liegt, geht die Rundtour über die baumlose Hochebene zu einer mächtigen Felslandschaft, wo 1910 tatsächlich ein steinernes Ferienhaus gebaut wurde. Was diese Wanderung so attraktiv macht, sind die Weite der Landschaft und die zahlreichen Panoramen.

Start/Ziel: beim Restaurant Vale do Rossim, GPS N 40°24.124' W 007°35.252'

14,1 km

5 Std. 30 Min.

549 m/549 m

1.423-1.728 m

Keine durchgehende offizielle Markierung. Diese Tour ist beliebt und der Weg gut sichtbar; einige Abschnitte sind mit Farbe und hölzernen Schildern markiert. Auch gibt es die üblichen Steinmännchen, denen Sie folgen können. Eine Karte und ein GPS-Gerät mitzunehmen, empfiehlt sich aber.

Sandige, steinige Wanderwege. Schwindelfreiheit ist nicht notwendig, Ausdauer und Trittfestigkeit sind von Vorteil, auch wenn diese Tour nicht besonders schwierig ist.

Restaurant am Start-/Zielpunkt und auch beim Campingplatz leicht nördlich davon gibt es eine weitere Möglichkeit, warme Mahlzeiten oder ein Eis zu bekommen.

nur am Start/Ziel

Für kleinere Kinder könnte die Wanderung zu lang sein. In diesem Fall ist es vielleicht vorzuziehen, nur eine Rundtour um den Stausee zu machen. Die Felsspalte und das mysteriöse Gebäude sind aber auch für Kinder spannend. Denken Sie an genügend Proviant, Getränke und an warmen Tagen natürlich auch an Sonnenschutz.

Diese Wanderung ist für Hunde geeignet. Abgesehen vom Stausee gibt es jedoch keine Gelegenheit, an Trinkwasser zu kommen oder sich abzukühlen. Der Untergrund ist zumeist sandig oder steinig und wegen der Hütehunde sollten Sie Ihren Hund angeleint lassen.

Parken können Sie beim Restaurant Vale do Rossim.

Die Wolkendecke ist an Tagen mit schlechtem Wetter sehr niedrig ist und die höheren Lagen der Serra da Estrela liegen im Nebel. Auch kann es hier sehr kalt und windig werden. Schnee im April oder Mai ist keine Seltenheit, schmilzt bei gutem Wetter aber natürlich sofort wieder. Es ist also immer empfehlenswert, einen Blick auf die Wettervorhersage zu haben und bei Regenwetter mit Nebel und niedrigen Temperaturen zu rechnen. Nehmen Sie warme Kleidung und genügend Proviant mit.

Die Wanderung beginnt beim Restaurant Vale do Rossim, das zum dortigen Campingplatz gehört. Das Lokal und der Strand sind im Sommer ein beliebtes Ausflugsziel. Im Winter wird Ihnen hier aber wahrscheinlich niemand begegnen und Sie sollten die Wettervorhersage im Auge haben, denn Schnee und Nebel sind keine Seltenheit.

Restaurant Vale do Rossim, 6290-000 Gouveia, ungewiss

Sie folgen zunächst dem Stausee im Uhrzeigersinn am Ufer entlang. Nördlich des Sees überqueren Sie eine kleine Holzbrücke und gehen danach weiter am Strand entlang. Im Sommer ist der Wasserstand im Normalfall recht niedrig. Nach insgesamt 1,4 km verlassen Sie den Stausee ❶ und folgen einem schmalen Pfad nach links in einen lichten Wald hinein.

Schon kurze Zeit später lassen Sie die Bäume hinter sich und wandern durch eine felsige Heidelandschaft.

Nach insgesamt 2,5 km kommen Sie auf eine offene Wiese mit dem Namen Vale das Éguas – das Tal der Stuten ❷. Wildpferde gibt es heutzu-

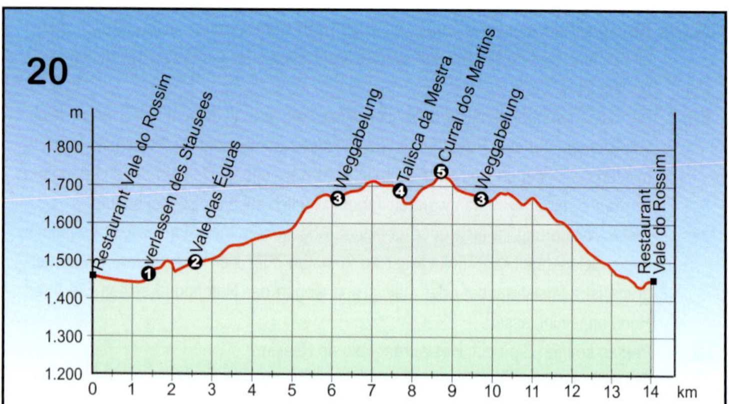

tage aber vor allem in der Serra D'Arga und im Gerês-Nationalpark. Hier treffen Sie auf einen breiteren, sandigen Pfad und setzen die Wanderung auf diesem erst in südlicher, dann in südwestlicher Richtung fort.

5 km nach dem Beginn der Wanderung entdecken Sie eine dreieckige Bergspitze zu Ihrer Rechten; sie trägt den Namen Fraga da Penha, die Felsklippe.

Sie setzen Ihren Weg fort, bis Sie nach insgesamt 6,2 km zu einer Weggabelung kommen ❸. Diese ist mit Steinmännchen, einer hölzernen Stange und auch farbigen Pfeilen auf einem Stein markiert. Dies ist die Abzweigung zur Nave da Mestra, den Felsformationen und dem steinernen Gebäude von 1910.

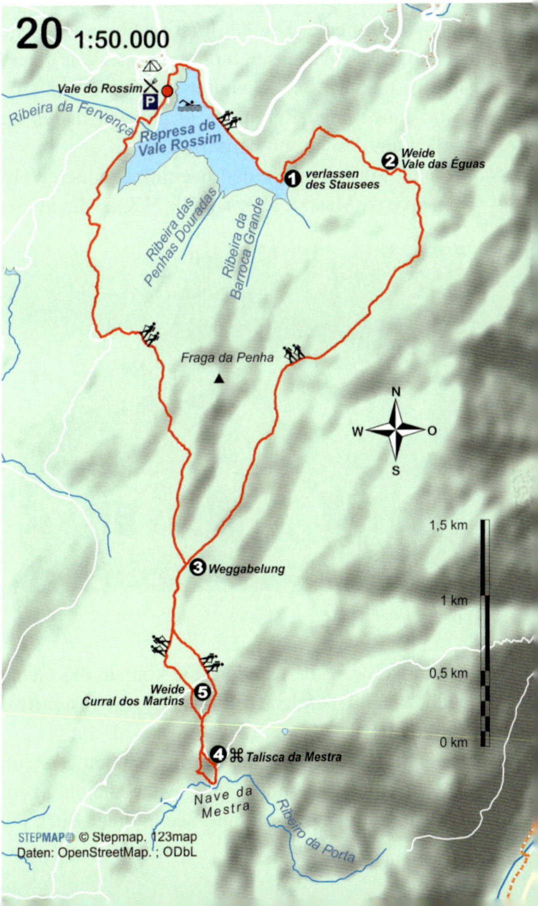

> ↳ Wollen Sie die Tour abkürzen, so können Sie an dieser Stelle, anstatt geradeaus zu gehen, scharf nach rechts abbiegen. Auf diese Weise verkürzen Sie die Wanderung um 3,5 km.

Weiter geht es geradeaus durch die steinige und karge Landschaft, die hier durch keinerlei Spuren menschlicher Präsenz gestört wird. Von der Weggabelung an ist der Weg deutlich schmaler, teilt sich oft in mehrere schmale Pfade und läuft dann wieder zusammen (☺ hier ist es von Vorteil, das GPS-Gerät zu nutzen). Sie gehen geradeaus nach Süden und der Pfad steigt sanft an. Folgen Sie dem Weg, der am deutlichsten ist und er wird Sie über die felsige Ebene zum Höhepunkt der Tour führen. Bei schlechter Sicht ist hier natürlich auch die Adventure Maps Wanderkarte und ein Kompass eine große Hilfe.

Nach 7,7 km kommen Sie zu einer der spannendsten Stellen dieser Wanderung, der ⌘ Talisca da Mestra ❹. Dies ist ein Felsspalt in einer enormen Granitplatte. Die Kluft ist mehrere Meter tief und schmal, aber breit genug, dass ein Mensch hindurchpasst. Was genau den Felsblock gespalten hat, ist unklar, wahrscheinlich ist dies jedoch ein Überbleibsel der Eiszeit. Sind Ihnen enge Räume nicht geheuer, ist es natürlich möglich, einfach außen um den Felsen herumzugehen.

Nur 200 m nach der beeindruckenden Felsspalte kommen Sie zur ⌘ Nave da Mestra. Hier ist eine Wiese, die im Sommer auch von den Hirten der Region genutzt wird, um ihre Schafe und Ziegen zu hüten. In Dürreperioden ist das Gras oft gelb, im Frühjahr jedoch saftig und grün. Hier findet sich auch ein steinernes Gebäude mit einer offenen Metalltür. Das Gebäude ist in den Fels eingelassen und hat eine enorme Felsplatte als Dach. Wie diese auf das Haus gehoben wurde, ist nur schwer vorzustellen. Sie können das Gebäude gerne betreten, es ist jedoch leer. Über der Tür finden Sie die Inschrift „Dr. J. Matos – Barca Herminius 1910“.

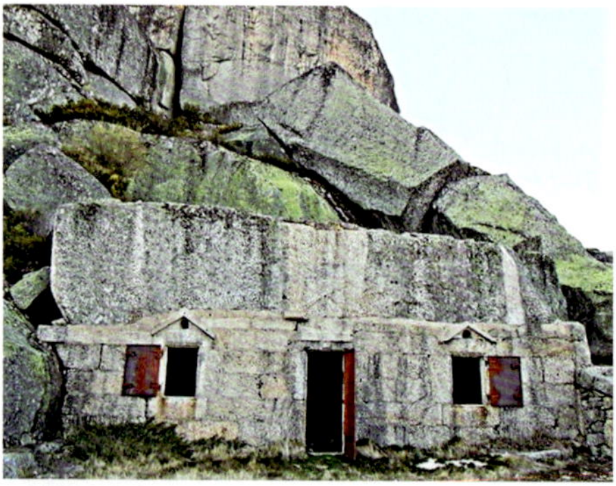

Nave da Mestra

Unterhalb der Weide wurde ein kleiner steinerner Staudamm gebaut. Hier können Sie mit großer Wahrscheinlichkeit Wasser finden. Nur im Spätsommer sind der kleine See und der Bach manchmal ausgetrocknet.

Jetzt geht es auf den Rückweg! Sie können die Wiese nach rechts umrunden oder aber wieder durch die Felsspalte Talisca da Mestra gehen.

Bis zur Weggabelung könnten Sie im Prinzip genau die gleiche Strecke zurückgehen oder aber einen kleinen Abstecher nach leicht links machen, der Sie zu einer weiteren Weide mit dem Namen Curral dos Martins ❺ führt. Hier gibt es eine Felsplatte, von der Sie eine meilenweite Aussicht über die Sie umgebende Bergwelt und das Gletschertal, das nach Manteigas führt, haben. Am Curral dos Martins kam in den Weihnachtsferien 2005 eine Gruppe von Pfadfindern aus der Nähe Lissabons in sehr schlechtes Wetter und beschloss, hier zu übernachten, da es unmöglich war, weiterzugehen. Weil sie keinen Telefonempfang hatten und nicht zum vereinbarten Zeitpunkt wieder nach Hause kamen, wurde eine Suchaktion eingeleitet, die ihren Weg in die nationalen Medien fand und eine Diskussion über die Gefahren der Berge auslöste.

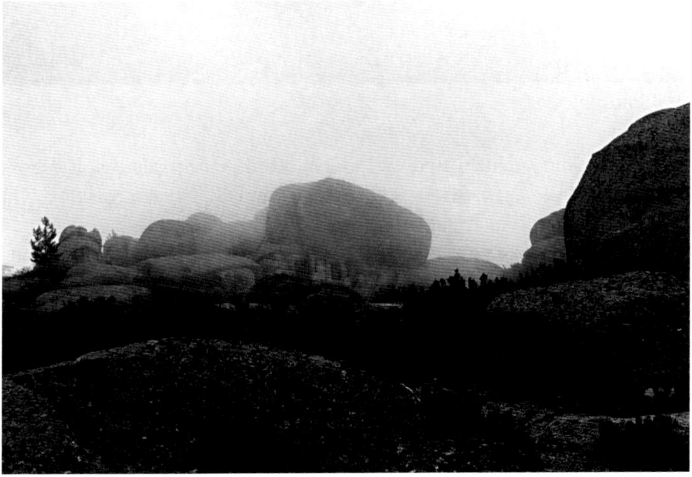

Nebel im Gebirge

Nach insgesamt 9,8 km sind Sie zurück an der Weggabelung ❸ und biegen hier leicht nach links ab. 200 m später sehen Sie zu Ihrer Linken das Gletschertal Vale do Conde. Weiter geht es nach Norden auf den trigonometrischen Punkt, den Penhas Douradas, zu. Diese Punkte, die der

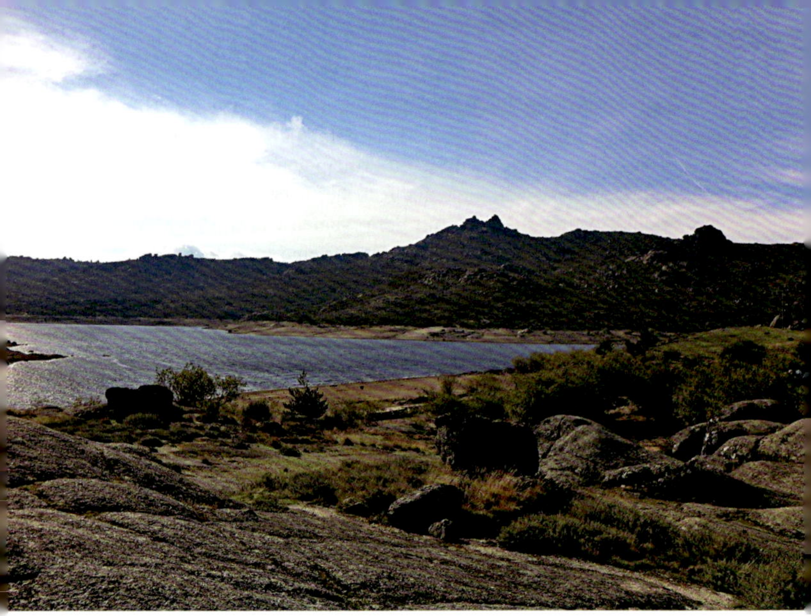

Am Stausee

Landvermessung dienen, sind in Portugal oft mit einem aus Beton gegossenen Sockel versehen. So ist es auch in diesem Fall und dementsprechend ist es leicht, auf diesen Punkt zuzusteuern.

Bei dem Landvermessungspunkt angekommen sind Sie 11 km gewandert und von hier aus geht es nur noch talwärts zum Staubecken des Tals Vale do Rossim hin. Bevor Sie zum Endpunkt dieser Wanderung hinuntergelangen, bekommen Sie eine weitere herrliche Aussicht über das Tal und den Stausee, der in der Sonne glitzert oder sich an genau diesem Tag vielleicht im Nebel versteckt. Auf einem gut ausgetretenen Gebirgspfad geht es zurück zum Restaurant, wo diese Rundwanderung endet.

21 Der Ort Manteigas und der Wasserfall Poço do Inferno

WC

Eine Bergwanderung für Naturliebhaber

Eine attraktive, aber auch anstrengende Rundwanderung vom idyllischen und dennoch lebendigen Bergdorf Manteigas in einen dichten Mischwald, zu einem beliebten Wasserfall und dann hinauf bis über die Baumgrenze, wo eine fantastische Aussicht über das breite Gletschertal und hinab auf das Dorf Manteigas wartet.

Start/Ziel: das Rathaus im Zentrum des Ortes Manteigas, GPS N 40°24.040' W 007°32.469'

14 km

5 Std.

730 m/730 m

705-1.311 m

die offizielle PR-Markierung des PR 2 Rota do Javali: rot-gelbe Striche

Forstwege, schmaler, teilweise sehr steiler Wanderweg und Asphalt. Ein wenig Ausdauer und abschnittsweise auch Trittsicherheit sind bei dieser Wanderung gefragt, jedoch keine Schwindelfreiheit. Denken Sie daran, dass die Tour nicht durchgehend durch Wald verläuft und Sie der Sonne ausgesetzt sein könnten. Nehmen Sie ausreichend zu trinken mit.

Keine Einkehrmöglichkeiten direkt am Weg. Im Ort Manteigas gibt es aber zahlreiche Restaurants und Cafés unweit des Weges.

Kein Rastplatz direkt am Weg. Es gibt Bänke und Picknicktische am Wasserfall Poço do Inferno, die auf einem kleinen Abstecher zu erreichen sind.

WC Unterhalb des Rathauses am Start/Ziel gibt es öffentliche Toiletten, ein wenig in der Steinmauer versteckt.

Keine Bademöglichkeit direkt am Weg, Sie können aber einen kurzen Abstecher zu einer Lagune unterhalb eines Wasserfalls machen.

Für kleinere Kinder könnte die Wanderung zu lang sein. Alle Kinder, die ohne Probleme bergan gehen und einen Wasserfall spannend finden, werden auf dieser Wanderung jedoch auf ihre Kosten kommen.

Eigentlich eine geeigneteTour für Hunde, aber das Wasser ist etwas knapp – nur am Wasserfall und dem darunterliegenden Fluss können die Hunde trinken und sich abkühlen.

P Es ist möglich, am Startpunkt in Manteigas zu parken. Einen weiteren Parkplatz gibt es auch in der Straße Rua da Matufa, unterhalb des als Startpunkt angegebenen Rathauses.

Die markierte Wanderung beginnt offiziell erst am Ortsausgang, die vorgestellte Tour beginnt jedoch direkt vor dem Rathaus im Zentrum Manteigas.

Vom Rathaus müssen Sie zunächst in den unteren Teil des Ortes kommen und biegen dafür direkt rechts in die Straße Rua Padre António Tarrinha ab. Sie folgen der Straße bis zum niedrigsten Punkt des Tals: der Brücke ❶ über den Zêzere-Fluss, der unterhalb des Berges Torre entspringt und schließlich in den Tejo mündet.

Direkt hinter der Brücke biegen Sie nach rechts ab und kommen an einigen Hotels und der hübschen, weißen ✞ Kapelle Santo António vorbei. Sie überqueren die Straße Rua da Lapa und jetzt geht es bereits in die Höhe. Hier findet sich auch ein Schild, das den Beginn des Wanderweges PR 2 Rota do Javali verkündet.

Von nun an können Sie den rot-gelben Markierungen folgen. Nach insgesamt 1,5 km teilt sich der Weg ein letztes Mal, bevor Sie Manteigas gänzlich verlassen. Sie biegen nach links auf eine Forststraße ein, der Sie auf den nächsten Kilometern folgen werden.

Die Wanderung führt Sie in einen Wald hinein, in dem Sie Kiefern, Kastanien, Eschen, Erlen, Birken, Weiden und Eichen finden können – von unzähligen Blumen und Sträuchern einmal abgesehen. Nach knapp 2 km

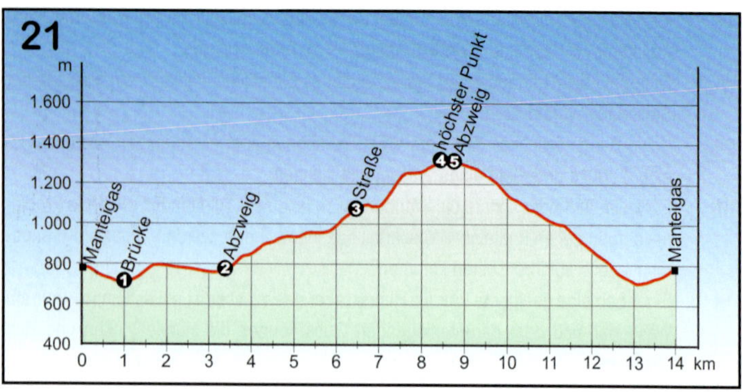

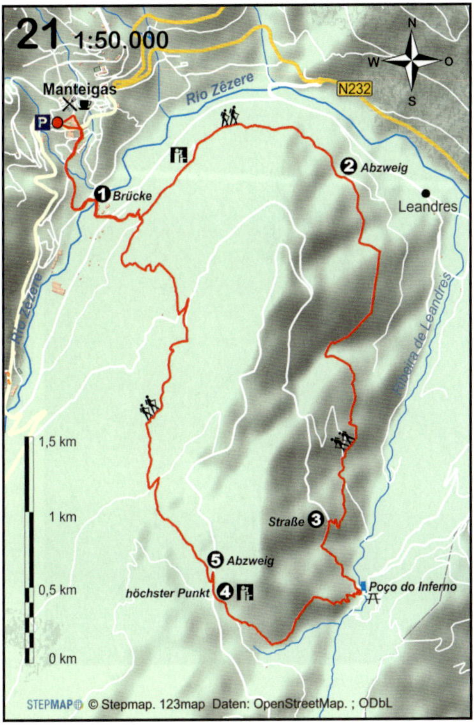

auf der Forststraße geht eine schmalere Spur nach links ab ❷, doch Sie setzen weiter bergan fort. Allmählich wird die Piste schmaler und schmaler und nach insgesamt 6,4 km ist nur noch ein Pfad übrig, dem Sie in Serpentinen recht steil aufwärts folgen.

Schon nach ein paar Hundert Metern kommen Sie jedoch erneut an einer breiten Straße hinaus ❸. Zu Ihrer Rechten liegt ein halb verfallenes Gebäude, ein ehemaliges Casa de Guarda Florestal, in dem die Parkwächter zum Schutz der Natur stationiert waren.

Jetzt befinden Sie sich auf einer asphaltierten Straße, unweit des Wasserfalls und der dazugehörigen Lagune. Von dem Moment, wo Sie den schmalen Pfad verlassen, folgen Sie der Straße (auf der es bei gutem Wetter einigen Verkehr gibt, da der Wasserfall ein sehr beliebtes Ausflugsziel ist) ca. 400 m.

Der markierte Wanderweg, dem Sie folgen, verlässt die Straße noch kurz vor dem Wasserfall und steigt auf einem schmalen Pfad steil an.

↳ Wenn Sie an dieser Stelle eine kleine Pause gut vertragen können, machen Sie einen Abstecher direkt zum Wasserfall. Dafür müssen Sie der Straße einfach weitere 100 m folgen. Von dort geht eine Treppe nach links

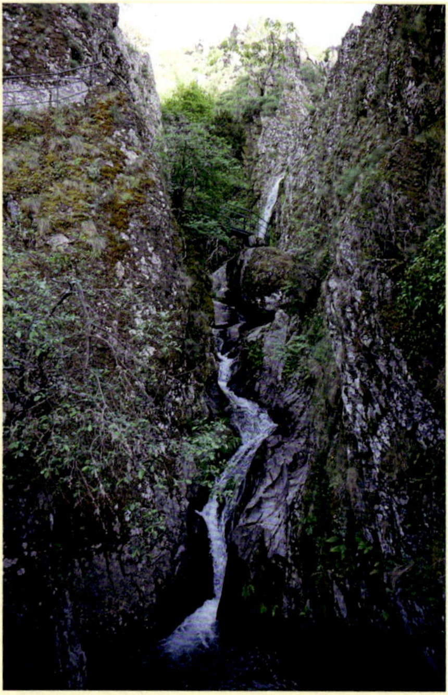

Poço do Inferno

hinab. Hier finden Sie im Schatten und wunderschön an einem kleinen Fluss gelegen Picknicktische.

Der Wasserfall findet sich auf der rechten Straßenseite, wo Sie eine kleine steinerne Treppe hochsteigen und dann einen herrlichen Ausblick auf das rauschende Wasser haben. Die Lagune unterhalb des Wasserfalls ist unter dem Namen Poço do Inferno (= der Brunnen der Hölle) bekannt. Zu diesem eher erschreckenden Namen gibt es jedoch keinen ersichtlichen Anlass: Das Wasser ist türkisblau und kristallklar. An einem warmen Tag lädt das Wasser dazu ein, sich die Füße abzukühlen oder vielleicht sogar einen Sprung ins kalte Nass zu wagen.

Vom Poço do Inferno gehen Sie anschließend einfach wieder 100 m zurück, wo Sie die rot-gelben Markierungen oberhalb der Straße auf den kleinen Trampelpfad leiten.

Der schmale Pfad teilt sich sogleich und Sie halten sich rechts. Von hier beginnen die anstrengendsten Kilometer dieser Tour – aber auch die tollsten Aussichten. Es geht steil immer weiter in die Höhe und langsam lichtet sich der Wald, bis Sie sich oberhalb der Baumgrenze befinden. Die felsigen Gipfel, die von Manteigas aus so unendlich weit entfernt aussahen, sind jetzt zum Greifen nahe – oder besser gesagt: Sie befinden sich inmitten dieser steinernen und beeindruckenden Landschaft.

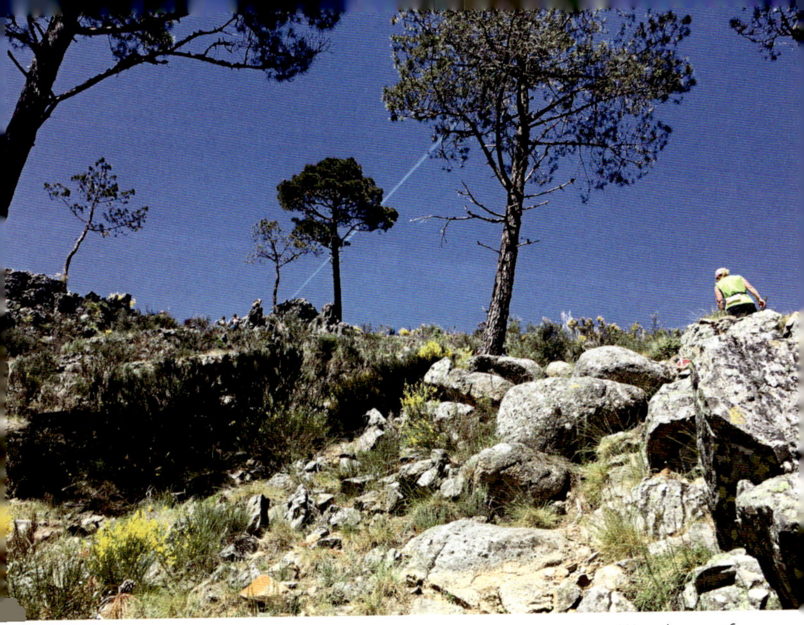

Der Weg bergauf

Zunächst ist der Weg so steil, dass jeder Schritt eine kleine Kraftanstrengung ist. Bis zu 30 % Steigung warten hier auf Sie. Der Anstieg schwächt sich jedoch schon bald ab und es wird leichter die unglaubliche Panoramaaussicht zu genießen.

Nach 8,6 km Wanderung haben Sie mit 1.311 m den höchsten Punkt dieser Tour erreicht ❹. Ein guter Moment, um durchzuatmen. Von diesem Punkt an geht es nur noch bergab!

Der sandige Pfad, auf dem Sie sich befinden, trifft auf eine schmale, asphaltierte Straße. Die Markierungen hier oben sind weder besonders zahlreich noch leicht ersichtlich, aber der Weg ist trotzdem einfach zu finden. Biegen Sie nach rechts auf die Straße und verlassen Sie diese schon nach 200 m wieder zugunsten eines Weges, der nach links abbiegt ❺. Fast 1 km geht es auf der steinigen Piste talwärts, bis diese sich erneut mit einer anderen Piste kreuzt. Biegen Sie nach links ab und direkt danach wieder nach rechts, um Ihre Wanderung hinunter nach Manteigas fortzusetzen.

Der breite Bergpfad ist abschnittsweise gepflastert und wird seit Jahrhunderten von den Hirten und anderen Bewohnern der Region genutzt. Sie kommen langsam wieder in den Wald hinab und schon nach kurzer Zeit haben Sie die ersten 300 Höhenmeter des Abstiegs hinter sich. Hier treffen Sie erneut auf einen breiteren Waldweg, auf den Sie nach links einbiegen und den Sie dann nach 100 m vor einem Haus wieder nach rechts hin verlassen.

Hier oben wohnen vor allem Schäfer, die oft noch dem klischeehaften Bild eines alten Mannes, der mit einer Pfeife im Mund und auf seinen Schäferstab gestützt seine Herde betrachtet, entsprechen. Sicherlich ein ruhiges, beschauliches Leben, aber auch von Armut geprägt. Würden Sie mit ihnen tauschen wollen?

Zwischen Wald und terrassenförmig angelegten Feldern geht es weiter bergab. Sie überqueren noch eine Schotterpiste und kommen bald an einer richtigen Straße hinaus. Jetzt sind Sie wieder am Ortseingang von Manteigas und können den gleichen Gassen zurück zum Rathaus folgen, durch die Sie am Anfang der Wanderung hierhergekommen sind. *Manteiga* bedeutet Butter, woher der Name des Ortes stammt, ist jedoch nicht überliefert.

Manteigas

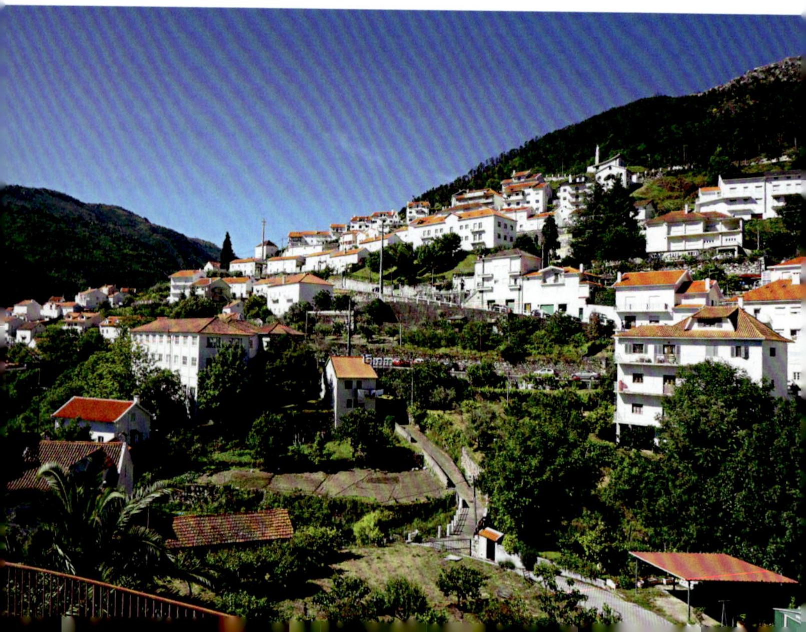

22 Von Manteigas zum Torre, dem höchsten Gipfel des portugiesischen Festlands

Eine anstrengende Tour für Naturliebhaber

Diese spannende Wanderung führt Sie vom Dorf Manteigas hinauf auf den höchsten Punkt des portugiesischen Festlands – den Berg Torre. Während die höchsten Punkte der meisten europäischen Länder entweder nicht besonders hoch oder aber recht schwer zu besteigen sind, ist Torre eine Ausnahme. Der Berg ist zwar 1.993 m hoch, jedoch so rund, dass sogar eine Straße hinauf auf den Gipfel gebaut wurde. Dort mit dem Auto hinzugelangen, bietet aber natürlich nicht das gleiche Erlebnis, wie den Gipfel zu Fuß zu erleben.

Durch das breite Gletschertal Vale do Zêzere kommen Sie in höhere Lagen und schließlich über die Baumgrenze. Die Landschaft wird felsig und das Klima deutlich rauer. Auf dem Gipfel finden Sie mehrere Gebäude, unter anderem Souvenirläden und eine Kapelle. Die beiden kugelförmigen Gebäude der Polizei, ehemals als Radar genutzt, haben sich zum Symbol des Gipfels entwickelt.

→ Start: am Ausgang des Ortes Manteigas, nahe dem 3-Sterne-Hotel Inatel Manteigas, GPS N 40°23.122' W 007°32.735'; Ziel: der Gipfel des Bergs Torre, GPS N 40°19.310' W 007°36.813'

13,9 km

4 Std. 30 Min.

↑↓ 1.188 m/25 m

⇧ 829-1.992 m

Die Tour hat offiziell den Namen PR 6 Rota do Glaciar und ist mit den üblichen roten und gelben Markierungen versehen. Diese Beschreibung kürzt den markierten Weg rund um den Zeltplatz Covão d'Ametade aber ab; hier sind keine Markierungen.

Sandige, steinige Wanderwege, Forstweg und Asphalt. Für diese Wanderung brauchen Sie einiges an Ausdauer, Trittfestigkeit und auf dem Abschnitt zwischen km 11,4 und 12 auch etwas Schwindelfreiheit. Sollten Sie nicht schwindelfrei sein, ist es möglich, ab km 10,2 einfach der Landstraße zu folgen.

Auf dem Gipfel gibt es ein Café, wo Sie etwas trinken können (km 13,9).

Keine am Weg. Aber der unbewachte Zeltplatz Covão d'Ametade liegt nahe der Strecke, nur 1 km von km 7,5 der Wanderung entfernt. Hier befindet sich die Quelle des Flusses Zêzere und es gibt sowohl Grillplätze als auch zahlreiche schattige Möglichkeiten zum Picknicken.

Für kleinere Kinder könnte die Wanderung zu anstrengend sein, ansonsten gibt es jedoch keine Schwierigkeiten. Die Tour wird mit steigender Höhe immer abenteuerlicher und bis in den Juni gibt es auf dem Gipfel noch die Möglichkeit einer Schneeballschlacht.

Diese Tour ist für Hunde relativ gut geeignet. Die Landschaft bietet weiter oben in den Bergen jedoch nur wenige Möglichkeiten, zu trinken. Wie auch bei anderen Wanderungen in der Serra da Estrela gilt Vorsicht vor den lokalen Hütehunden, die oft ohne Begleitung eines Schäfers auf die Herden aufpassen und unbekannten Hunden nicht immer wohlgesonnen sind. Halten Sie Ihren Hund bei Bedarf also an der Leine.

Für den Rückweg empfiehlt sich die gleiche Strecke oder aber ein Taxi; Táxi De Silva Carvalho E Monteiro Lda, ☏ +351 275 98 28 68.

Parkmöglichkeiten am Startpunkt und auch auf dem Gipfel des Torre. Es ist also möglich, diese Wanderung auch in die entgegengesetzte Richtung zu wandern.

Denken Sie daran, dass hier oben in den Bergen im Winter oft Schnee liegt und es neblig und sehr kalt werden kann. Angemessene Kleidung und Schuhwerk sind ein enormer Vorteil.

Ihre Wanderung beginnt bei einer kleineren Abzweigung von der Landstraße, nahe dem Hotel Inatel Manteigas. Sie folgen der Abzweigung und

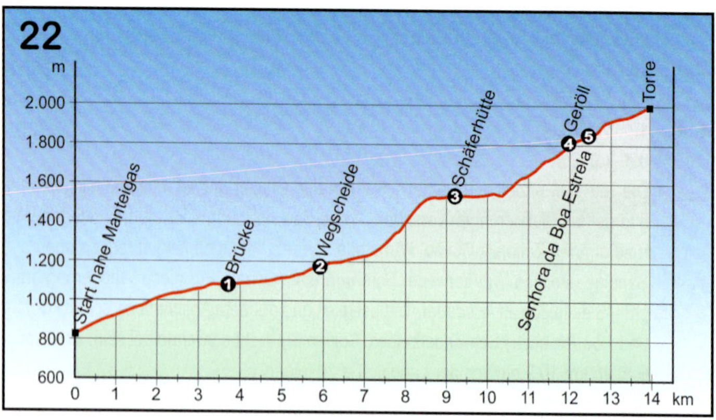

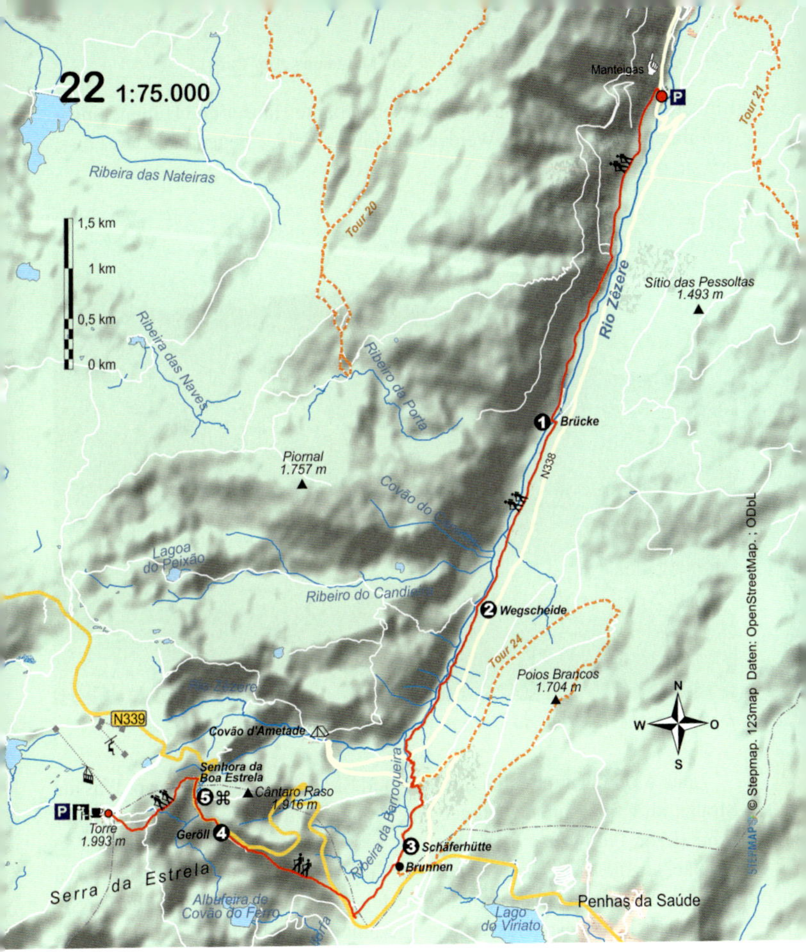

wandern auf der kopfsteingepflasterten Straße langsam, aber stetig flussaufwärts. Das Gletschertal Vale do Zêzere ist u-förmig und streckt sich von Manteigas bis in das Herz der Serra da Estrela. Sie folgen nun dem Tal für 7,5 km flussaufwärts, die Orientierung ist also denkbar einfach.

Die gepflasterte Straße verwandelt sich nach der Überquerung einer aus Beton gegossenen Brücke nach 3,6 km ❶ in eine sandige Piste und verläuft weiter im Tal, immer mit der Landstraße einige Hundert Meter zu Ihrer

Linken. Sie passieren aus runden Felsen gebaute Häuser und Hütten, einige von ihnen mit Strohdach. Weiden und kleine Felder liegen nahe am Fluss, der sie mit Wasser versorgt.

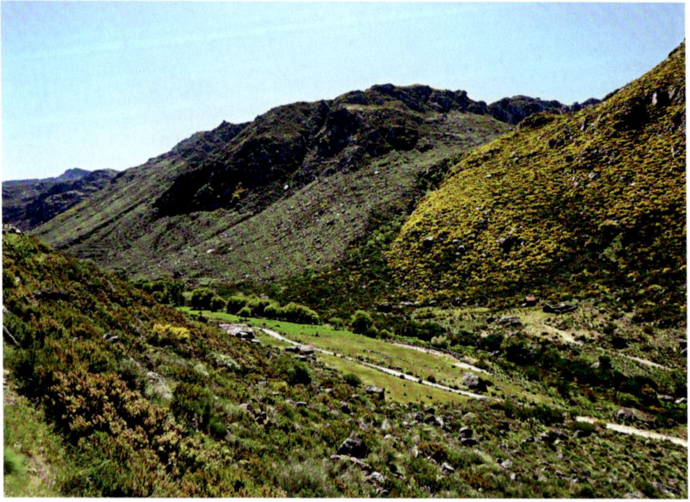

Das Gletschertal Vale do Zêzere

Nach 5,6 km ❷ teilt sich der Weg und Sie biegen nach links ab. Was als Straße, die für Autos geeignet ist, begann, wird hier zu einem immer schmaleren Feldweg.

Nach insgesamt 7 km Wanderung lohnt es sich, eine kleine Pause zu machen und einen Blick zurückzuwerfen. Von diesem Punkt haben Sie einen herrlichen Ausblick auf das gesamte Gletschertal, das unter Ihnen liegt.

Bei km 7,5 kommen Sie zur Landstraße, die Sie überqueren.

Wollen Sie zur Rastmöglichkeit am Zeltplatz Covão d'Ametade, folgen Sie hier der Landstraße nach rechts.

Sie folgen einem schmalen Stieg durch den Wald und kommen schon nach knapp 500 m wieder an die Landstraße. Sie überqueren diese erneut und folgen dem Pfad 300 m, bis Sie auf einen breiteren Waldweg stoßen, wo Sie nach rechts abbiegen. Über die Ebene Nave de Santo António geht es ohne bedeutenden Höhenunterschied an einer Schäferhütte ❸ und etwas später einem Brunnen vorbei. Sie gehen immer weiter geradeaus, bis Sie sich erneut der Landstraße nähern. Sie überqueren diese ein weiteres Mal und folgen einem schmalen, steinigen Pfad durch die Heidelandschaft. Hier geht es stetig in die Höhe und schon bald haben Sie eine tolle Aussicht über die Berglandschaft und den Stausee Barragem de Covão do Ferro.

Der bucklige Pfad führt an der Bergseite entlang und ist in Abschnitten noch als gepflasterter Karrenweg erhalten. Zur Seite geht es relativ steil ab, aber es besteht zu keinem Zeitpunkt eine Sturzgefahr.

Der Weg wird immer steiniger und kurz bevor Sie erneut zur Landstraße kommen, gehen Sie im Prinzip durch ein Geröllfeld ❹. Sie werden der Straße anschließend eine Weile folgen, ✋ achten Sie also auf entgegenkommenden Verkehr.

Nach 300 m auf dem Asphalt kommen Sie zur ⌘ Marienstatue Senhora da Boa Estrela ❺. Hierbei handelt es sich um eine enorme Madonna, die in einen Fels gemeißelt wurde. In den Stein geschlagene Treppen führen zu

An der Marienstatue Senhora da Boa Estrela

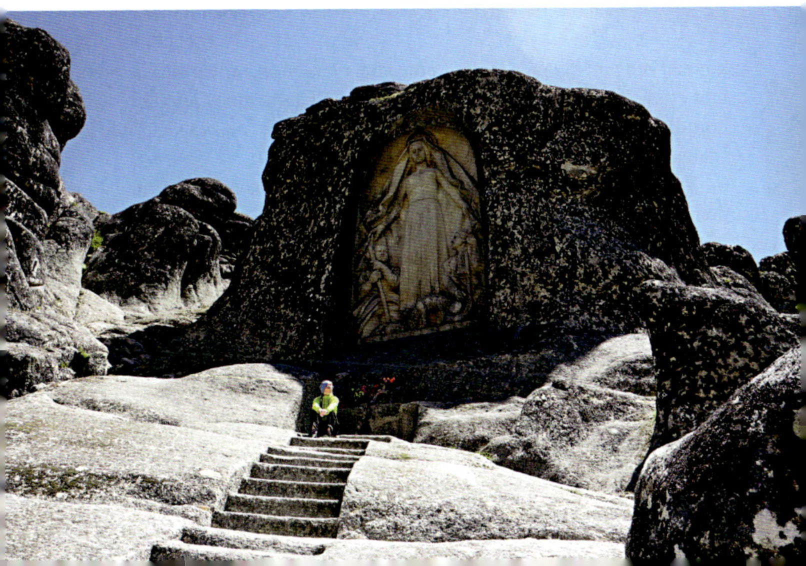

ihren Füßen, wo Besucher gerne Blumen und Kerzen platzieren. Ein beeindruckendes und vor allem unerwartetes Monument.

Hinter der Statue folgen Sie der Straße weitere 200 m, bis ein markierter Bergpfad nach links abbiegt. Sie wandern auf dem felsigen Weg durch die Heidelandschaft, dieser steigt weiter an und die Beine werden langsam schwerer, aber Sie sind schon bald am Gipfel Torre angekommen.

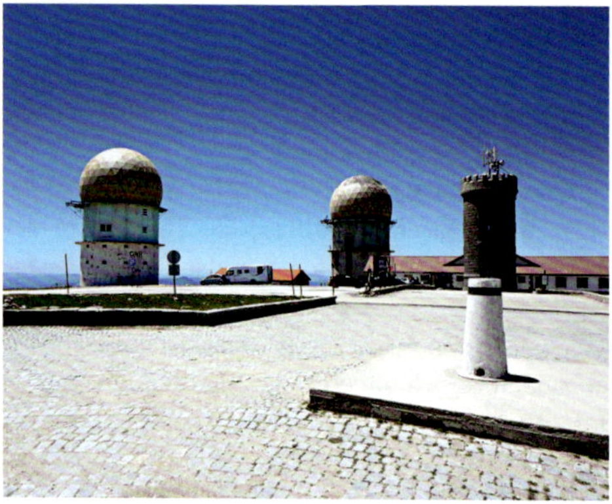

Der höchste Punkt des portugiesischen Festlands

Schon aus einiger Entfernung sehen Sie die Kuppeln der Gebäude und bald erreichen Sie das Ziel dieser Wanderung, das Rondell auf dem höchsten Punkt des portugiesischen Festlands. Im gesamten portugiesischen Staatsgebiet ist nur der Gipfel des Berges Pico auf den Azoren noch höher.

An klaren Tagen können Sie von hier aus in der Ferne sogar das Meer sehen. Auf dem Gipfel gibt ein Café (keine festen Zeiten) und ein paar kleine Geschäfte, wo Sie notfalls eine Cola kaufen können – zu empfehlen sind das Café und die Läden aber nicht.

Nach einer wohlverdienten Pause und einer kleinen Entdeckungstour in den Geschäften, der Kapelle und auch bei den Skiliften, können Sie die Wanderung auf gleichem Weg wieder bergab ins Tal antreten oder ein Taxi bestellen, um sich zurück zum Ausgangspunkt in Manteigas bringen zu lassen.

☺ ❄ Falls Sie im Winter in Portugal sind und Interesse daran haben, eine andere Seite des Landes kennenzulernen, ist das Skigebiet Serra da Estrela auch einen Blick wert. Zwischen Dezember und März kann es teilweise wirklich gute Bedingungen geben.

www.skiserradaestrela.com

㉓ Das Tal von Santa Maria

Entspannte Wanderung für Naturliebhaber und Kulturinteressierte

Diese Wanderung ist abwechslungsreich und verläuft durch eine schöne Berglandschaft, die einfach zu durchwandern ist. Der markierte Rundweg verläuft teilweise auf schmalen Wanderwegen und teilweise auf breiteren Sandwegen. Sie umrunden den 1.279 m hohen Berg Fraga da Batalha und wandern entlang des Ufers des Flusses Rio Mondego, der der fünftlängste Fluss Portugals ist. Er hat hier in der Serra da Estrela seinen Ursprung und mündet schließlich bei Figueira da Foz in den Atlantik . Der Wanderweg bietet außerdem zahlreiche schöne Aussichtspunkte, Rastplätze und einen Zeltplatz.

Start/Ziel: an der Landstraße N232 unweit des Gasthauses Pousada de São Lourenço in der Nähe des Ortes Manteigas, GPS N 40°25.160' E 007°32.414'

13 km

4 Std.

730 m/730 m

951-1.295 m

Die Tour hat offiziell den Namen PR Rota do Covão de Santa Maria und ist mit den üblichen roten und gelben Markierungen versehen.

Sandige, steinige Wanderwege und ein Forstweg. Ein wenig Ausdauer und Trittsicherheit werden Ihnen auf dieser Wanderung helfen, Schwindelfreiheit ist nicht notwendig.

Keine Einkehrmöglichkeiten direkt am Weg. In Manteigas gibt es aber mehrere empfehlenswerte Restaurants mit lokalen Spezialitäten.

Am Zeltplatz/Rastplatz Covão da Ponte liegt gibt es Grillplätze und Picknicktische (km 8).

im Fluss am Zeltplatz/Rastplatz Covão da Ponte (km 8)

Für kleinere Kinder könnte diese Wanderung zu lang sein, ansonsten gibt es jedoch keine Schwierigkeiten. Der Abschnitt entlang des Flusses Rio Mondego ist auf jeden Fall ein Erlebnis.

Diese Wanderung ist für Hunde gut geeignet. Entlang des Weges können Sie jedoch auf Schafherden und deren Herdenschutzhunde treffen, ein Hirte ist meist nicht dabei. Die Hunde der Rasse Cão Serra da Estrela stammen hier aus dieser Gegend und sind mit ihren bis zu 50 kg imposante Tiere. Sie benehmen sich „Eindringlingen" gegenüber oft drohend.

P Parkmöglichkeiten am Startpunkt

Beginnen Sie die Wanderung am Startpunkt an der N232, wo Sie auch eine Informationstafel finden. Der Wanderweg hat den offiziellen Namen Rota do Covão de Santa Maria und auf diesem Schild ist eine kurze Beschreibung des Weges auch auf Spanisch und Englisch übersetzt. Sie folgen dem breiten Sandweg langsam bergab, bis dieser sich nach ungefähr 600 m teilt. Hier beginnt die eigentliche Rundwanderung und Sie biegen an der Gabelung nach links ab ❶.

Hier liegt das zum Roggenanbau genutzte Feld ⌘ Campo Romão (= das römische Feld), das ebenfalls mit einer Informationstafel gekennzeichnet ist. Zur Zeit der römischen Besetzung soll hier eine Festung mit Aussicht auf den Fluss Rio Mondego gestanden haben. Ob dies allerdings archäologisch bewiesen ist oder eher eine Legende aus den umgebenden Dörfern, ist nicht ganz klar. Schauen Sie sich genau um, vielleicht finden Sie ja eine Goldmünze mit dem Antlitz von Julius Cäsar.

Sie folgen der Schotterpiste weiter talwärts und passieren nach insgesamt 2,9 km eine Brücke über den hier noch schmalen Rio Mondego ❷. Gleich hinter der Brücke kommen Sie an einem Hof vorbei. Jetzt liegt der Fluss zu Ihrer Rechten und der Weg windet sich mit einer herrlichen Aussicht an der mit Ginster und Heidekraut bewachsenen Bergflanke entlang.

Nach insgesamt 3,7 km kommen Sie zu einer zweiten Brücke, die in interessantem Stil mit Steinplatten auf einer Metallkonstruktion gebaut wurde ❸. Bald darauf kommen Sie zur dritten Brücke dieser Wanderung, über die Sie den Rio Mondego das zweite Mal überqueren. Der Steig führt eine Weile direkt am Flussufer entlang und Sie verlassen ihn schließlich auf einem recht breiten Wanderweg, der nach rechts abbiegt. Folgen Sie den Markierungen und der Weg wird breiter und breiter, bis er eine Schotterpiste ist, die an einem Hof vorbeiführt.

7,5 km nach dem Start Ihrer Wanderung kommen Sie zu einer Kreuzung ❹. Bevor Sie den Rundwanderweg weiter geradeaus fortsetzen, lohnt sich ein Abstecher nach links, wo eine hübsche Kapelle und der Zeltplatz Covão da Ponte liegen.

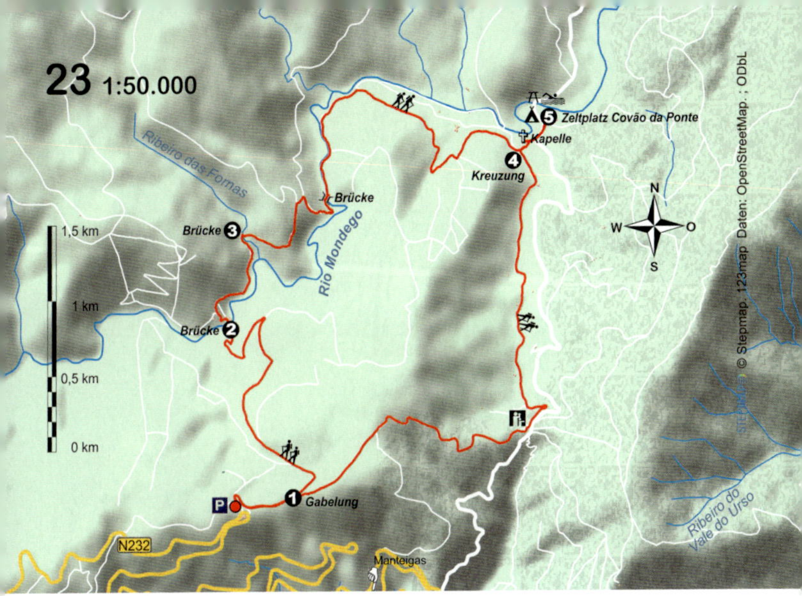

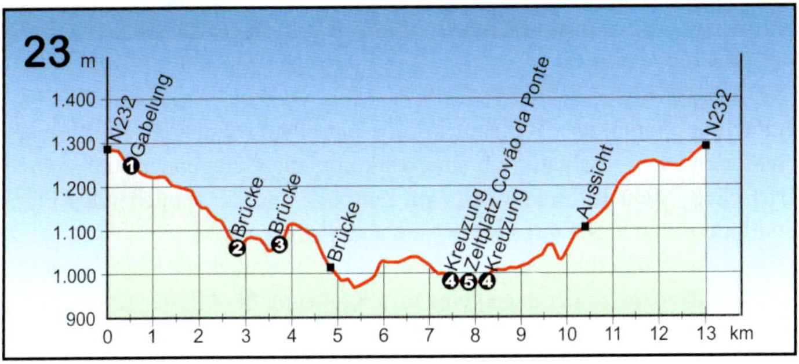

✞ Die weiß und rot gestrichene Capela da Nossa Senhora do Carmo liegt idyllisch zwischen den Feldern und dem Rio Mondego. Die Kapelle wurde im Jahre 1949 vom Bischof der Stadt Guarda eingeweiht.

Von der Kapelle gehen Sie noch weitere 200 m geradeaus und kommen dann zum ⛺ Zeltplatz Covão da Ponte ❺, der in einem bewaldeten Abschnitt liegt. Hier kann man nicht nur zelten, sondern auch grillen oder

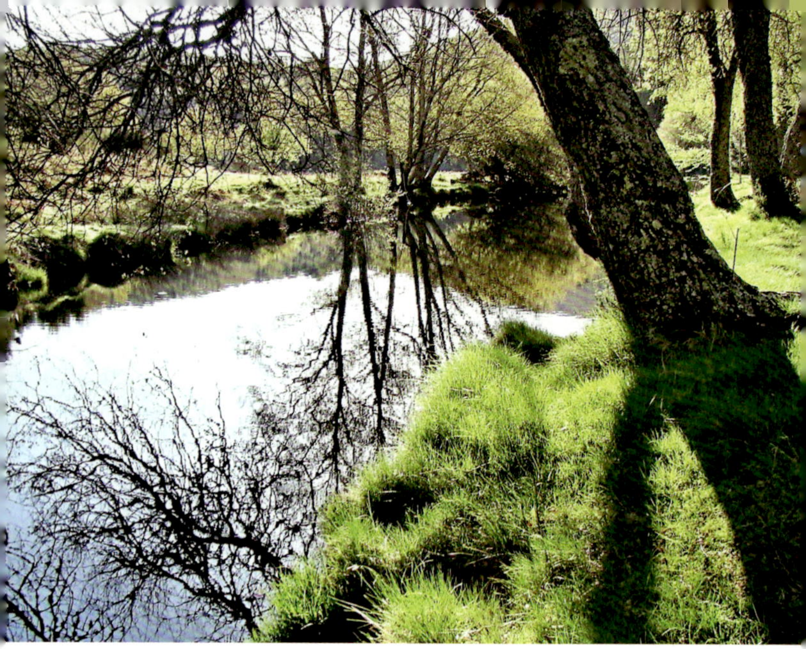

Am Covão da Ponte

einfach an einem der Picknicktische eine Pause einlegen. Im Sommer bietet der Fluss natürlich eine willkommene Gelegenheit, um sich zu erfrischen. Mehr Informationen zum Zeltplatz und der umgebenden Flora und Fauna finden Sie auf www.covaodaponte.com.

Um die Wanderung abzuschließen, gehen Sie erneut zur Kapelle zurück und von dort aus zu der nahe gelegenen Kreuzung ❹. Mit der Kapelle hinter Ihnen, biegen Sie nach links auf eine breite Schotterpiste ab. Dieser folgen Sie die restlichen Kilometer bergauf. Die Markierung entlang dieser Strecke ist nicht immer perfekt, aber die Streckenführung ist denkbar einfach.

Entlang des Weges passieren Sie mehrere Häuser und Bauernhöfe und bekommen unter anderem eine Aussicht auf das Gletschertal Zêzere, welches sich südlich von Manteigas erstreckt. Sie biegen hier rechts ab und nehmen die erste Schotterstraße in südwestlicher Richtung. Schließlich kommen Sie erneut zu dem Feld, an dem der Weg sich anfangs gegabelt hat, und laufen auf dem bekannten Weg zurück zum Parkplatz

24 Die Hochebene Poios Brancos

Eine Panoramatour für Familien und Naturfreunde

Diese Rundwanderung führt über den Gipfel des Berges Poios Brancos, der eher ein Hochplateau als einen spitzen Berg darstellt. Entlang der Strecke haben Sie nahezu durchgehend eine Panoramaaussicht über die felsige Landschaft der Serra da Estrela, wo sich die höchsten Gipfel des portugiesischen Festlandes befinden. Unter Ihnen liegt ein enormes Gletschertal, das hinunter zum Ort Manteigas führt. Da ein großer Teil der Wanderung über 1.500 m Höhe verläuft, kann es hier durchaus Schnee geben. Nicht weit entfernt liegt auch der einzige Skilift des Landes.

Start/Ziel: großer Parkplatz an der Landstraße N339 nahe der Winterdienststation, GPS N 40°19.024' W 007°34.436'

8 km

3 Std.

313 m/313 m

1.433-1.688 m

die offizielle PR-Markierung des PR 7 Rota dos Poios Brancos: rot-gelbe Streifen

Sandige, steinige Wege, ein breiter Forstweg und Asphalt. Für diese Wanderung benötigen Sie nur ein wenig Ausdauer und Trittsicherheit, jedoch keine Schwindelfreiheit.

Keine Einkehrmöglichkeiten direkt am Weg. Restaurants, Cafés und auch Einkaufsmöglichkeiten gibt es im Dorf Manteigas. Am nächsten gelegen ist das Dorf Penhas de Saúde, auch hier finden Sie empfehlenswerte Restaurants.

keine

Die Tour ist für Kinder, die schon 3 Std. am Stück wandern können und einigermaßen trittsicher sind, geeignet.

Die Wanderung hat auf einigen Abschnitten viele lose Steine und Geröll und eignet sich deswegen nicht so gut für empfindliche Hundepfoten.

P Am Startpunkt gibt es einen großen Parkplatz.

Im Winter kann der Schnee hier teilweise meterhoch sein und dann ist die Wanderung natürlich nicht möglich. Die Monate April bis November sind zu empfehlen.

Sie starten die Wanderung beim Parkplatz. Von hier aus gehen Sie auf die hohe Antenne zu, die rund 700 m entfernt steht. Der Wanderweg ist hier leider nicht besonders deutlich markiert und es gibt eine Vielzahl von kleinen Pfaden, die sich durch die Heide schlängeln. Welchen Weg Sie genau nehmen, ist nicht so wichtig, das Gelände ist flach und leicht zu durchqueren. Halten Sie sich einfach nordöstlich.

Von der Antenne ❶ setzen Sie Ihre Wanderung in gleicher Richtung fort und der Pfad kreuzt sich nach weiteren 300 m mit einem Feldweg, der sich gleich darauf gabelt. Sie folgen dem Weg geradeaus rund 600 m, bis Sie diesen in Richtung der enormen Felsblöcke verlassen, die Sie zu Ihrer linken Seite sehen. Die Markierungen sind vorhanden, aber nicht so deutlich, am besten ist es, den Steinmännchen und dem GPS-Gerät zu folgen. Sie gehen auf die Felsformationen zu und zwischen diesen hindurch. Hier finden sich spannende Formen, die teilweise den Profilen von Tieren ähneln.

⌘ Besonders interessant ist der Felsen, der als Cadeira de Viriato (= Stuhl des Viriathus) bezeichnet wird. Ein runder Stein mit einer Mulde, in die man sich perfekt hineinsetzen und sich wie ein König auf seinem Thron fühlen kann. Viriathus war rund 150 v. Chr. Anführer des iberischen

Aussicht vom höchsten Punkt

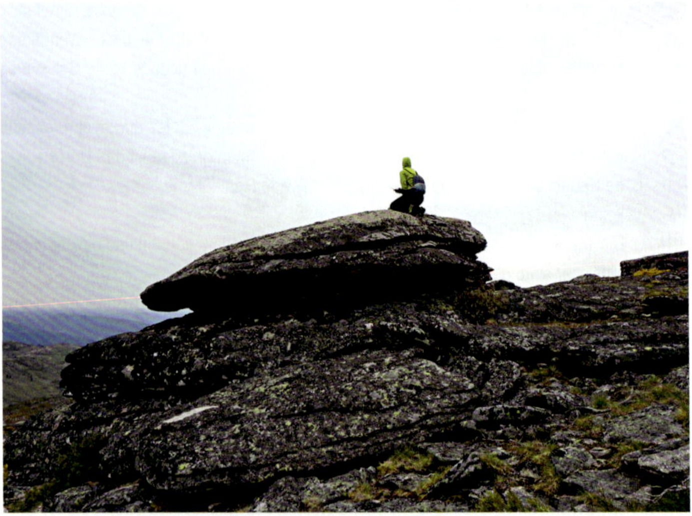

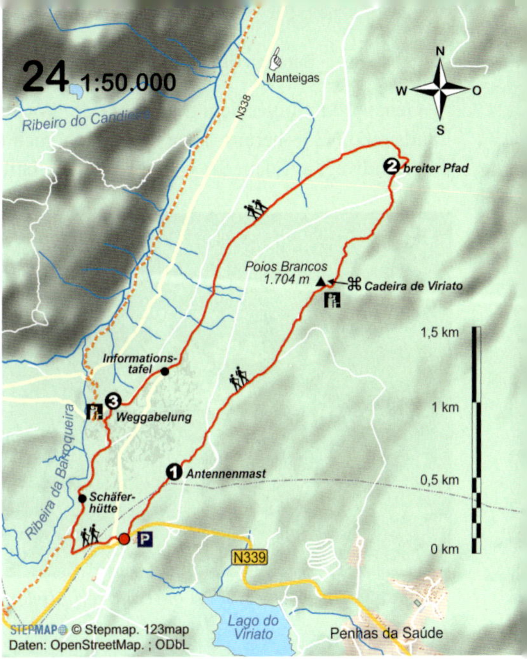

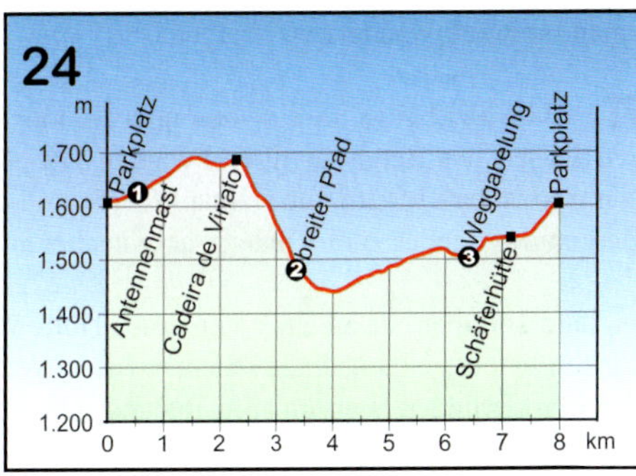

Stammes der Lusitanen und führte den Kampf gegen die Besetzung des Gebietes durch die Römer. Wie genau der Stein jedoch zu seinem Namen kam, ist nicht bekannt.

Bei den Felsen haben Sie den höchsten Punkt der Wanderung erreicht und von jetzt an geht es leicht bergab. Sie können den kleinen Steinmännchen folgen und kommen bald erneut zu einer Schotterpiste. Diese Piste verläuft im Zickzack, während die großen Steinmännchen den Wanderer geradeaus leiten. Es ist definitiv einfacher, der Piste zu folgen und nicht zwischen den Felsblöcken und Büschen herumzuirren. Nach 300 m befinden Sie sich dann so oder so auf der sandigen Piste und folgen dieser weiteren 500 m, bis Sie auf einen breiteren Weg stoßen ❷.

Von diesem Punkt an ist die Wanderung sehr einfach, die Piste ist breit und flach und die Aussicht ist herrlich. Ganze 2 km folgen Sie der Schotterpiste, immer mit dem Gletschertal und dem dahinterliegenden Bergpanorama zu Ihrer rechten Seite.

Genau 6 km hinter dem Startpunkt der Wanderung kommen Sie an der Landstraße N338 heraus. Hier findet sich auch eine Informationstafel für den Rundweg, auf dem Sie sich jetzt gerade befinden. Von hier aus folgen Sie der N338 gute 400 m nach rechts. Es gibt keinen Fußgängerweg, also halten Sie sich am Straßenrand, selbst wenn Sie keinen Verkehr sehen.

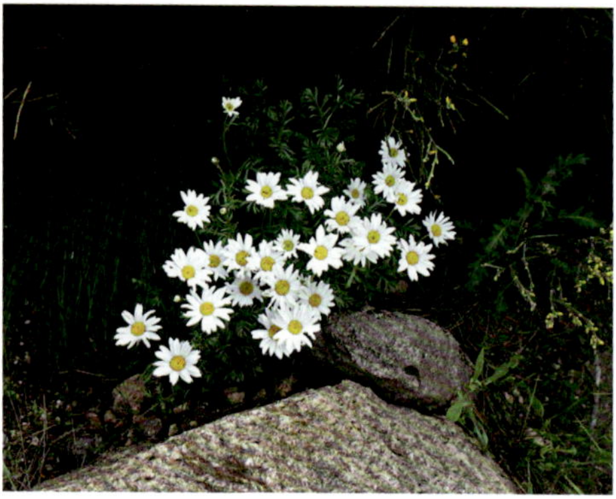

Blumen wachsen hier nur an geschützten Stellen

Der Wanderweg biegt dann nach links von der Landstraße ab, ein hölzernes Schild und die entsprechende farbige Markierung weisen darauf hin ❸. Von hier an beginnt ein kurzer bewaldeter Abschnitt auf einem schmalen Pfad, der schließlich auf einer Heide in einen breiteren Wanderweg übergeht.

Von hier haben Sie eine besonders schöne Aussicht über die schwarzen Felsen der Berge zu Ihrer Rechten. Die steilen Klippen haben den Namen Cântaro Magro und Cântaro Gordo und zählen zu den beliebtesten Bergen des Landes zum Klettern, aber auch zum Bergsteigen im Winter.

Bald kommen Sie an einer steinernen Hütte vorbei und können zu Ihrer Linken schon die Landstraße sehen, wo diese Wanderung endet. Folgen Sie den Markierungen langsam aufwärts und schon bald stehen Sie wieder am Ausgangspunkt.

☺ ❄ Falls Sie im Winter in Portugal sind und Interesse daran haben, eine andere Seite des Landes kennenzulernen, ist das Skigebiet Serra da Estrela auch einen Besuch wert. Zwischen Dezember und März kann es teilweise wirklich gute Bedingungen geben. 💻 www.skiserradaestrela.com.

...uso in den Urwald von Buçaco

WC

...ne Kulturwanderung für die ganze Familie

Eine einfache und abwechslungsreiche Rundwanderung vom hübschen Kurort Luso zum Palace Hotel do Bussaco. Der Palast, heute ein 5-Sterne-Hotel, liegt inmitten eines unglaublichen Gartens: Die Ordensgemeinschaft der Unbeschuhten Karmeliten begann hier im frühen 17. Jahrhundert Gewächse, Blumen und Bäume aus der gesamten Welt zu pflanzen. Der Garten gleicht heute einem Urwald, da viele Bäume über die Jahrhunderte riesig geworden sind. Die romantisch angelegten Pfade, Brunnen und Wasserläufe sind ein wenig verwildert und tragen zum Gefühl bei, sich in einem immergrünen Urwald zu befinden.

Start/Ziel: Parkplatz am Rande des Ortes Luso, GPS N 40°22.921' W 008°22.465'

5,5 km

2 Std.

340 m/340 m

232-555 m

keine Markierung für diese Strecke

Waldboden, Kopfsteinpflaster, Treppen, und Asphalt. Nur wenig Ausdauer und weder Trittsicherheit noch Schwindelfreiheit sind von Nöten.

Restaurant und Café Palace Hotel do Bussaco (km 4,3). In Luso gibt es abseits des Weges verschiedene Restaurants und Supermärkte.

zahlreiche Rastplätze an der Strecke (es handelt sich um einen künstlich angelegten Wald mit zahlreichen Attraktionen)

WC beim Café (km 4,3)

Die Tour ist für Kinder jeden Alters geeignet, da es überall etwas Spannendes zu sehen gibt.

Die Tour ist für Hunde geeignet, denken Sie jedoch daran, den Hund in den Parks an die Leine zu nehmen, da es hier zahlreiche Enten und Gänse gibt.

Von Porto können Sie fast stündlich mit dem Zug nach Luso fahren, der Bahnhof liegt allerdings 4 km vom Startpunkt entfernt. Auf dem Weg müssen Sie in Pampilhosa einmal umsteigen.

P Es ist möglich, am Startpunkt in Luso zu parken.

☺ Mehr Informationen rund um den künstlich angelegten Wald/Park, Veranstaltu Unterkünfte und weitere Tipps finden Sie auf der Homepage der Fundação Mata Bussaco 💻 www.fmb.pt.

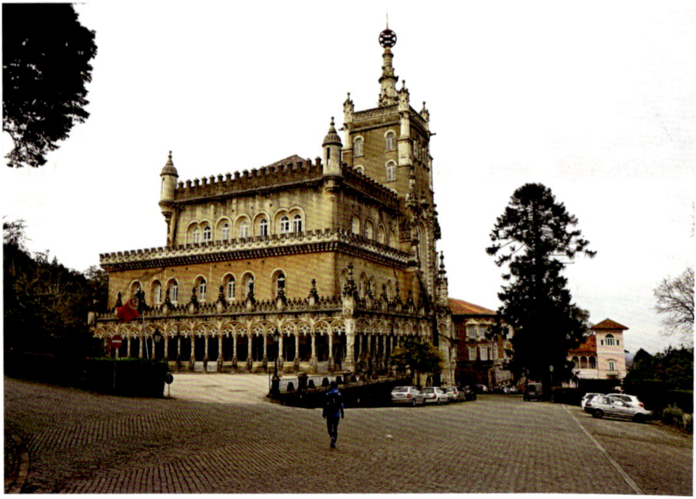

Der Bussaco-Palast

Die Stadt Luso ist ein beliebter Ausflugsort, was auf die traditionellen Thermalbäder und die ungewöhnliche Vegetation in der Serra do Buçaco zurückzuführen ist. Das Wasser der Quellen soll bei Nierenleiden und Hautproblemen helfen.

Zudem war Luso im Jahr 1810 Schauplatz der Schlacht von Buçaco, in der die Truppen Napoleons gegen eine britisch-portugiesische Union verloren. Diese Schlacht war Teil der Napoleonischen Kriege auf der Iberischen Halbinsel und hatte natürlich die Eroberung Portugals als Ziel. Zwar konnte Napoleon Portugal letztendlich nicht besiegen, doch der Krieg verschuldete das Land und verstärkte die Abhängigkeit Portugals von Großbritannien.

Die Wanderung beginnt am Garten von Luso, wo es zahlreiche Möglichkeiten zum Parken gibt. Von dort führt eine steinerne Treppe in den

Wald hinein. Die Treppe wird zu einem Waldweg und bald stehen Sie an einer Kreuzung ❶. Zu Ihrer Linken sehen Sie das ehemalige Parkwächtergebäude Casa do Serpa, das heute ein Ferienhaus ist, das Sie bei Interesse bei der Mata-do-Bussaco-Stiftung mieten können. Sie folgen nicht der kopfsteingepflasterten Straße, sondern gehen auf dem Wanderweg, der direkt neben dem Casa do Serpa beginnt, weiter. Langsam steigt der Weg durch den dichten Wald auf, zumeist mit einer alten Steinmauer zu Ihrer linken Seite.

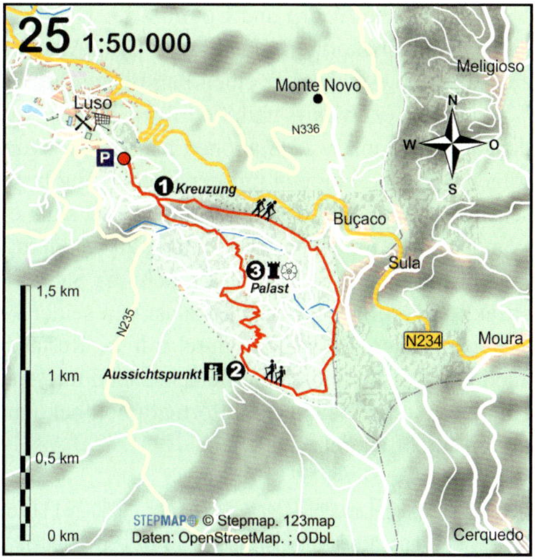

Nach 1 km kommen Sie erneut auf eine breitere Straße. Hier ist eine Schranke für diejenigen, die mit dem Auto bis an das Hotel im Bussaco-Palast fahren wollen. Da Sie jedoch zu Fuß unterwegs sind, brauchen Sie hier nicht anzuhalten. Auf der linken Seite

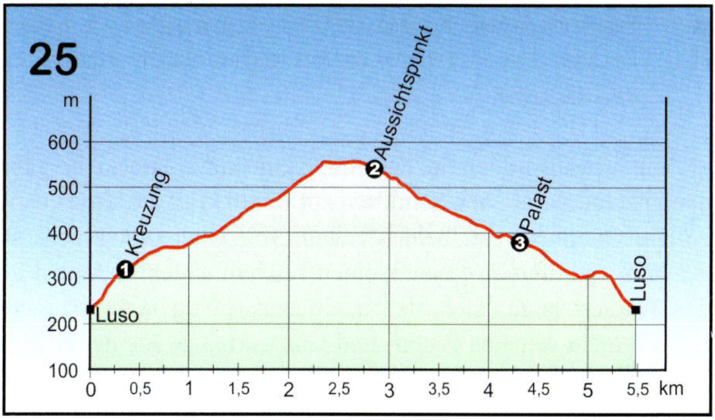

sehen Sie eines der zehn Eingangstore (den Portas) des Parks, die mit Fliesen verzierte Porta da Rainha (= die Tür der Königin).

Sie biegen halb links von der Straße ab und folgen einem weiteren herrlichen Waldweg zur ebenfalls reich verzierten Porta de Sula. Weiter geht es auf schattigen Wegen zur Porta da Cruz Alta und von dort aus rund 300 m weiter zum höchsten Punkt dieser Tour – einem Aussichtspunkt, von dem Sie das 40 km entfernte Meer sehen können und bei sehr guter Sicht sogar die Städte Aveiro und Coimbra ❷. Der Aussichtsplatz befindet sich direkt bei dem enormen Metallkreuz Cruz Alta, einem beliebten Ausflugsziel, weshalb es auch hier einen Parkplatz gibt.

Jetzt geht es abwärts und Sie folgen der Via Sacra, dem Kreuzweg Jesu, der hier mit ganzen 22 Stationen nachgebaut wurde. Von oben kommend folgen Sie den Stationen mit der Kreuzigung beginnend. Falls Sie an diesem Prozessionsweg besonders interessiert sind, empfiehlt es sich also die Wanderung in umgekehrter Richtung zu wandern.

Am Ende der Via Dolorosa (auch Via Sacra) kommen Sie zur Hauptattraktion von Buçaco, dem Palast und seinen Gärten ❸.

Hier gibt es neben dem Hotel mit Restaurant, das im Palast liegt, auch ein Café und einen kleinen Laden mit Andenken, in dem Sie auch eine Karte oder weitere Informationen bekommen können. Beim Café finden Sie öffentliche Toiletten.

Restaurant im Hotel, Mata do Buçaco, 3050-261 Luso, ☏ +351 231 93 79 70, bussaco@almeidahotels.pt, Sa, So 10:00-19:00, Mo-Fr im Sommer 10:00-13:00 und 14:00-19:00 und im Winter 9:00-13:00 und 14:00-17:00

Esplanada da Mata, Adresse und Öffnungszeiten decken sich mit dem Restaurant

im Landen Loja dos Produtos da Mata, Adresse und Öffnungszeiten decken sich mit dem Restaurant

Von hier aus folgen Sie der Straße eine kurze Strecke bergab und biegen dann nach links ab, den Schildern zur Fonte Fria (die kalte Quelle) folgend.

Die Quelle ist auf beiden Seiten von einer prächtigen, alten Treppe gesäumt und führt zu einem kleinen Teich hinunter. Entlang des plätschernden Wassers lassen sich oft verschiedenste Vogelarten betrachten: von in Europa recht seltenen Enten- und Gänsearten zu kleineren, einheimischen Vögeln. Allgemein lassen sich im Wald von Buçaco zahlreiche Tierarten finden, insbesondere kleinere Reptilien und Amphibien.

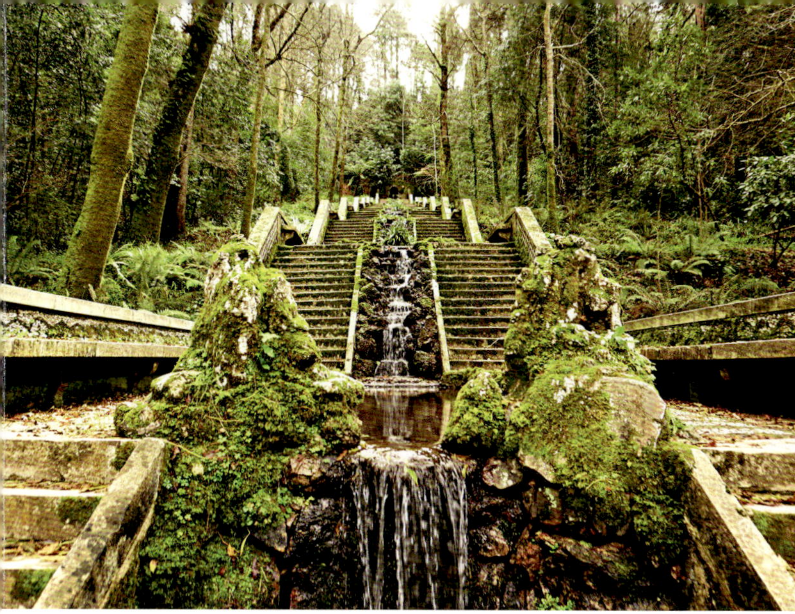

Quelle und Treppe

Sie folgen dem Wanderweg weiter geradeaus, an einem weiteren Teich vorbei und kommen schließlich erneut zur Kreuzung am Casa do Serpa ❶. Von hier folgen Sie nun dem Weg, auf dem Sie auf dem Hinweg gekommen sind, nach Luso hinunter.

Buchtipps aus dem Conrad Stein Verlag

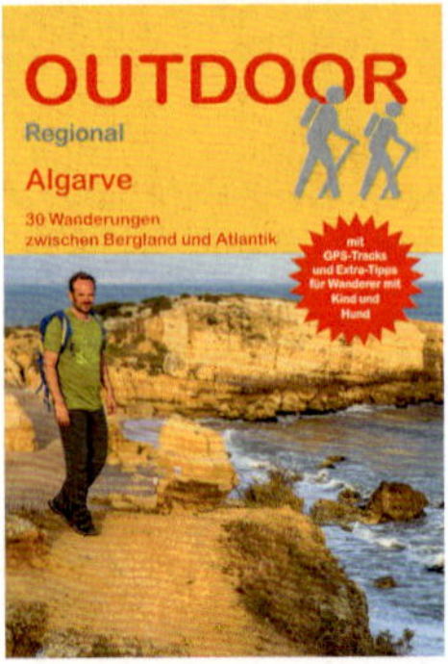

Algarve

30 Wanderungen zwischen Bergland und Atlantik

Michael Hennemann
OutdoorHandbuch Band 432
Regional
160 Seiten ▸ 70 farbige Abbildungen
34 farbige Karten und 23 farbige Höhenprofile

ISBN 978-3-86686-538-9

>> **Entdecken Sie Algarve**: *„ein neuer praktischer, handlicher Algarve-Wanderführer“*

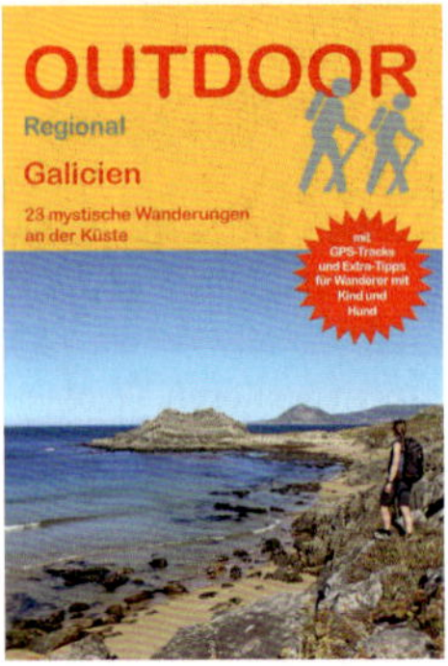

Galicien

23 mystische Wanderungen an der Küste

Dr. Christina Talasz
OutdoorHandbuch Band 443
Regional
160 Seiten ▸ ca. 50 farbige Abbildungen
ca. 23 farbige Karten und ca. 23 farbige Höhenprofile

ISBN 978-3-86686-611-9

NEU im Sommer 2019

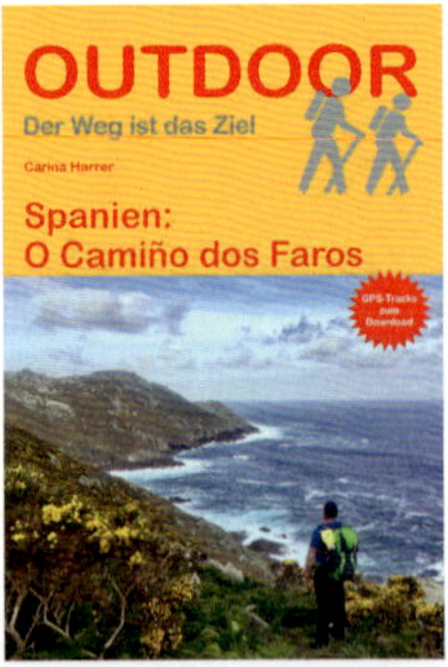

Spanien: O Camiño dos Faros

Carina Harrer
OutdoorHandbuch Band 427
Der Weg ist das Ziel
ca. 128 Seiten ▸ ca. 50 farbige Abbildungen
ca. 10 farbige Karten und ca. 10 farbige Höhenprofile

ISBN 978-3-86686-582-2

NEU Frühjahr 2019